# Evangelium nach Maria

Michael H. F. Brock

# Evangelium nach Maria

Nachfolge Jesu
mit der Frau aus Magdala

Patmos Verlag

**VERLAGSGRUPPE PATMOS**

**PATMOS**
**ESCHBACH**
**GRÜNEWALD**
**THORBECKE**
**SCHWABEN**
**VER SACRUM**

Die Verlagsgruppe
mit Sinn für das Leben

Für die Verlagsgruppe Patmos ist Nachhaltigkeit ein wichtiger
Maßstab ihres Handelns. Wir achten daher auf den Einsatz
umweltschonender Ressourcen und Materialien.

Umschlaggestaltung: Finken & Bumiller, Stuttgart
Gestaltung, Satz und Repro: Schwabenverlag AG, Ostfildern
Druck: GGP Media GmbH, Pößneck
Hergestellt in Deutschland
ISBN 978-3-8436-1410-8

# Inhalt

# Ein Wort voraus

Vor Jahren hat Papst Franziskus Maria aus Magdala zur Apostelin erklärt. Mir scheint, als hätte das in der Männerwelt der Kirche nur wenige interessiert. Ich habe mich entschlossen, wenigstens einen kleinen Teil dazu beizutragen, dass ihr, Maria aus Magdala, ein wenig mehr Aufmerksamkeit zukommt.

Wie schon häufig besprach ich mich mit Philipp und Georg, Religionsgeschichtler der eine, Archäologe der andere, vor allem aber der hebräischen Sprache mächtiger als ich. Wir waren uns schnell einig, dass Maria schon allein aus den neutestamentlichen Texten heraus klar dem Apostelkreis um Jesus zuzurechnen ist. Ich erspare mir den wissenschaftlichen Nachweis. Vielleicht den Hinweis, dass unter den „wahren Verwandten" Jesu neben den Brüdern immer schon die Schwestern mitgemeint waren. In der Liste der Frauen, die ihm folgten beziehungsweise ihn unterstützten, wird Maria aus Magdala immer zuerst genannt, was auf ihre herausragende Stellung hindeuten mag. Weiter halte ich für uns fest, dass Maria aus Magdala sowohl als Zeugin des Todes Jesu bei der Kreuzigung und der Grablegung bezeugt ist als auch in den Ostergeschichten eine zentrale Rolle spielt.

Was aber geschieht mit ihr nach Ostern? Ganz am Anfang der Apostelgeschichte ist sie noch erwähnt, als sich der Apostelkreis im „Obergemach" traf. Dann aber schweigen die neutestamentlichen Quellen über Maria aus Magdala. Ist sie gestorben? Das hätte sicher Erwähnung gefunden. Oder hat sie sich abgekehrt von Jerusalem? Dann wäre erklärlich, warum Lukas sie in der Apostelgeschichte keines Wortes mehr würdigt. Spannend finde ich nicht so sehr, was die Geschichte aus ihr machen möchte, sondern was uns im 19. Jahrhundert durch archäologische Funde zugänglich wurde: „Das Evangelium nach Maria". Keine Erfindung, keine Fake-News, keine Täuschung. Es sind Schriftrollen aus dem 2./3. Jahrhundert nach Christus. Unvollständig und zeitlich weiter weg als die historischen Ereignisse, aber mit manchen Formulierungen, die ich für bedenkenswert halte und die mich zu diesem Buch inspirierten. Dort wird Maria aus

Magdala als die Lieblingsjüngerin Jesu beschrieben. Es wird berichtet, dass es Maria war, die die Jünger immer wieder aufforderte, sich mit der Lehre Jesu zu beschäftigen, während die Jünger oft in Lethargie verfielen, wenn Jesus mit ihnen gesprochen hatte. Silke Petersen, Autorin des Buches „Maria aus Magdala" (Petersen, Silke, Maria aus Magdala. Die Jüngerin, die Jesus liebte [Biblische Gestalten 23], Leipzig 2011), fasst zusammen: „Maria tritt hier in eben jener Rolle auf, die in anderen Schriften Jesus zukommt: Sie ist diejenige, die die Gruppe tröstet, ermutigt und belehrt."

Jesus habe mit Maria ein besonderes Wissen geteilt, was den anderen Jüngern nicht zugänglich war, und er, Jesus, habe sie mehr geliebt als die anderen Jünger. Als Beleg sei ein Satz aus dem Evangelium nach Maria zitiert: „Hat er etwa mit einer Frau heimlich vor uns gesprochen und nicht öffentlich? Sollen wir selbst umkehren und alle auf sie hören? Hat er sie mehr als uns erwählt?"

Der Streit zwischen Petrus und Maria aus Magdala flammte immer wieder auf. Es ging stets um die richtige Auslegung der Lehre

Jesu. Ich führe das nicht weiter aus. Zugegeben hat es mich inspiriert. Frei und fiktiv ist meine Erzählung, und doch hat mich ein Satz von Franz Alt beeinflusst in einem Interview mit der Augsburger Allgemeinen. Auf die Frage, was wohl geworden wäre, wenn nicht Petrus, sondern Maria von Magdala die Geschicke der Kirche geprägt hätte, antwortete er: „Dann hätten die Frauen in der ganzen Kirchengeschichte eine wichtige Rolle gespielt. Dann wären wir endlich soweit, dass wir eine Balance hätten zwischen männlich und weiblich. Das Schlüsselwort, das Jesus zu Maria Magdalena sagte – und nur zu ihr, heißt ‚Nous'. Das griechische Wort hat viele philosophische Bedeutungen, vor allem das nur uns Menschen mögliche Bemühen, Gott und die Seele zu erkennen. Wenn man es kurz übersetzt, heißt Nous: Balance zwischen Verstand und Herz, zwischen Emotion und Rationalität, zwischen Männern und Frauen – und heute würde ich hinzufügen: zwischen Ökonomie und Ökologie. Nous steht für spirituelle Intelligenz. Es ist das Schlüsselwort für eine bessere Welt, auch für Rettung in schwieriger Zeit."

Es geht mir also darum, den vier Evangelien wenigstens einige Zeilen aus den Beobachtungen der Maria aus Magdala hinzuzufügen. Freilich kann das nur fiktiv sein, keine wissenschaftliche oder historische Aufzeichnung, und schon gar nicht Theologie im lehrhaften Sinn. Es geschieht narrativ. Aber doch in einer gewissen Historie verortet. Meine Aufzeichnungen beginnen im Jahr 49/50 nach Christus. Zurückgerechnet war Maria aus Magdala, da Jesus 30 n. Chr. starb und ich sie fiktiv zum Zeitpunkt seines Todes mit Anfang zwanzig vermute, also 40 Jahre alt. Für diese Annahme gibt es ein Indiz: Im Lukas-Evangelium steht, dass Maria aus Magdala, wie andere Frauen auch, Jesus mit ihrem Vermögen aushielten. Also: Woher hatte Maria Vermögen und wie konnte sie sich dem Apostelkreis so einfach anschließen? Wäre sie unverheiratet, dann wäre sie gebunden gewesen an ihre Familie. Kein Vater lässt sein Kind laufen, das er ja noch verheiraten kann! Wäre sie verheiratet, welcher Mann hätte sie mit Vermögen gehen lassen? Das ist unwahrscheinlich. Aber als Witwe wäre sie eine eigene Rechtsperson, könnte, falls der Mann vermögend gewesen war, selbst mit dem Vermögen machen, was sie wollte. In meiner Fiktion war Maria mit einem reichen Händler verheiratet, der früh starb. Ich gebe ihm den Namen Eliezer. Der Name ist ebenfalls nicht erfunden. Josephus Flavius berichtet in einer spannenden Geschichte über weltbewegende Veränderungen im Königreich Adiabene, das im Norden Mesopotamiens liegt, in der heutigen Autonomen Region Kurdistan, Irak – ca. 2000 km Luftlinie von Jerusalem entfernt. Der zukünftige König Izates und seine Mutter Helena lernen unabhängig voneinander den judäischen Gott durch die Vermittlung des judäischen Händlers Ananias kennen und werden Anhänger dieses Gottes. Während jedoch König Izates mit seiner Mutter und Ananias noch darüber diskutiert, ob die Beschneidung dafür zwingend sei, taucht plötzlich der Händler Eliezer aus Galiläa auf, der als besonders gesetzeskundig und fromm galt. Er fordert den neuen König Izates von Adiabene auf, das Gesetz nicht nur zu lesen, sondern sich gemäß dem Gesetz sofort beschneiden zu lassen – gegen den Rat des Ananias und seiner Mutter, was er dann auch tat.

Josephus berichtet weiter: Ende der Vierzigerjahre herrschte eine große Hungersnot in Jerusalem (Apg 11,28) und die Königinmutter von Adiabene „schickte einige aus ihrem Gefolge nach Alexandria, um große Mengen Getreide dort zu kaufen, und andere nach Zypern, um ganze Schiffsladungen Feigen herbeizuschaffen. Und sie ließ den Notleidenden Lebensmittel austeilen." (Josephus Flavius, Judäische Altertümer, 20,22)

Jetzt haben wir alles, was wir brauchen: Wir haben eine „Bühne", es ist das Jahr 49/50 n. Chr. Wir haben historische Ereignisse: den Tod Jesu im Jahr 30 nach Christus. Wir haben die Hungersnot in Jerusalem, und wir haben Helene, Königinmutter von Adiabene, die im gleichen Zeitraum zum Gott der Judäer übertritt, sich ein Grab im Norden von Jerusalem baut, dort auch begraben wurde. Ihr Sarkophag kann heute im Louvre besichtigt werden. In meiner Fiktion ist es Maria, die der Helene den Glauben (das Vertrauen) an den Israelit Jesus bezeugt. In dieser Zeit des ersten Jahrhunderts gibt es weder das Judentum noch das Christentum, wie wir sie heute kennen, sondern es ist von vielen „Judentümern" auszugehen. Da kann es durchaus sein, an den Gott der Judäer zu glauben und doch Jesus nachzufolgen. Diese Variante ist historisch zu sehen und mündete ja schließlich auch in den großen Apostelstreit, ob man nicht zuerst beschnitten werden, die Reinheitsgebote halten, eben die Gesetze der Väter befolgen müsse, bevor man Christ sein könnte. Zumindest die Frage nach der Beschneidung wurde im Apostelkonzil verneint. König Izates von Adiabene fand durch Eliezer eine andere Antwort. Helene, Königinmutter von Adiabene, wird jedenfalls nur zum Glauben übergetreten sein, wenn sie irgendwer davon überzeugt hat. Und warum soll sie in ihrer Suche nicht auch die Variante des Jesus von Nazaret gehört haben. Reine Spekulation selbstverständlich. Mir aber gibt dieser Gedanke Gelegenheit, über das Evangelium nochmals neu nachzudenken. Die Beziehung zwischen Jesus und Maria. Seine Motive, wie er zu Gott stand als dem einzigen Gott für alle Menschen, wie er, Jesus, lernen musste, was ein solcher Glaube in der Konsequenz mit Blick auf den Menschen bedeutet. Ich schaue mir die Wunder an. Wie können sie so geschehen, dass auch wir Heutigen Wunder vollbringen können in der Nachfolge Jesu? Ich erzähle seine Gleichnisse.

Mir ist wichtig darzustellen, dass es Jesus um die Gottesbeziehung ging und nicht um seine Person. Mir ist wichtig aufzuzeigen, dass durch Maria, hätte sie größere Bedeutung im Apostelkreis nach dem Tod Jesu bekommen, die beginnende Kirche sehr wahrscheinlich auch andere Züge angenommen hätte. Mildere, weiblichere, emotionalere Züge. Meine Erzählung ist als Monolog geschrieben aus der Perspektive der vierzigjährigen Maria, manchmal ist es auch ein Dialog zwischen Maria und Helene. In meiner Erzählung lebt Maria in Damaskus. Sie findet über die Beziehungen ihres verstorbenen Mannes Eingang in den Hof der Helene. Sie legt Zeugnis ab in Gedanken, Briefen, oft auch in der Rückschau auf jene drei Jahre, die sie mit Jesus zusammen war. Sie beschreibt ihre Stellung im Kreis der Jünger. Es wird deutlich, dass manche Jünger menschliche Vorstellungen von Rang und Stellung in der Welt gerne in den Himmel übertragen möchten. Sie möchte das nicht. Sie hat sich in der Nähe Jesu als befreit und geheilt erlebt. Menschen in seiner Nähe werden von Lasten befreit. Das erlebt sie von Mensch zu Mensch. Sie beschreibt das Leben der Tochter des Jaïrus, die, weil sie sich nicht als Mensch wahrgenommen fühlt, auch keine Kraft zum Leben verspürt. Maria überliefert Gedanken über den Glauben, den sie stets als Vertrauen interpretiert. Ausgegrenzte Menschen finden in Jesu Namen zurück in die Gemeinschaft. Ihre Verkündigung, die sie bei Jesus erlebt hat, setzt neben den Gedanken der Gerechtigkeit gleichberechtigt den Gedanken der Barmherzigkeit. Es geht in ihrem Leben und ihrem Zeugnis für Jesus nicht mehr um Pflichterfüllung, sondern um geglücktes Leben. In ihren Augen musste Jesus lernen – wie wir alle. Insbesondere, für wen seine Botschaft gelten sollte. Schließlich verkündet sie einen Gott, dessen Willen und Botschaft für alle Menschen eine Heilsbotschaft bedeutet. Schließlich dürfen wir alle einander zum Segen werden. Am Beispiel der Brotvermehrung wird deutlich, dass jeder kleinste Beitrag, eines Menschen Not zu lindern, Segen bedeutet. Blind, lahm, stumm und taub zu sein, ist in ihrer Erfahrung mit Jesus nicht Schicksal oder Strafe Gottes, sondern Anlass, bei einem Menschen zu verweilen und ihn durch Nähe und Vertrauen wieder in heiles und zufriedenes Leben zu begleiten.

Maria gibt Zeugnis vom Menschen Jesus. Ihn neu zu erspüren und zu entdecken, wie sein Leben das Leben anderer befreit. Helene, Königinmutter von Adiabene, spürt die Glaubwürdigkeit der Botschaft, die Maria vermittelt, und findet zum Glauben an den Gott Jesu, vertraut dem Rabbi aus Nazaret und beschließt, ihm zu folgen. Diese fiktive Erzählung ist eine Einladung, Jesus zu folgen, Wunder nicht einfach herbeizubeten, Aussatz und Ausgrenzung nicht einfach hinzunehmen, sondern selbst zu einem Leben zu finden, in dem keiner mehr blind sein muss oder lahm oder gar stumm, keiner sich mehr ausgegrenzt fühlen muss. Jeder kann ein Segen werden für einen anderen Menschen. Es ist eine Einladung zur Nachfolge.

# Maria von Magdala

Als Jesus starb, war ich fast zwanzig Sommer alt. Heute, zwanzig Winter danach, möchte ich beginnen aufzuschreiben, was in meiner Erinnerung geblieben ist von jenem Mann, Jesus, der mein Leben verändert hat. Ich schreibe es auf, um Zeugnis abzulegen für ihn, Jesus, und damit ich Abschied nehmen kann von einem Freund. Es fällt mir immer noch schwer, über Jesus zu reden. So tief war unsere Freundschaft. So bedeutsam seine Lehre, so wunderbar berührend, seine Nähe spüren zu dürfen. Ich empfand mich nicht wie eine Schülerin. Petrus war ein Schüler, auch Judas, Andreas. Ich war seine Gefährtin. Mit mir teilte er Gedanken, die er nicht mit seinen Schülern besprach. Mit mir teilte er auch seine Gefühle. Ich spürte seine Kraft und Zuneigung, wenn er sich seinem Gott nahe fühlte, und ich spürte seine tiefe Traurigkeit in Stunden der Gottverlassenheit. Und ich war die erste, die erlebt hat, wie sich sein Gottesbild verändert hat: Ein Gott für alle Menschen. Und es wäre nicht der

Gott Israels. Es gäbe einen Vater für alle Menschen. Als er dies begriffen hatte, war er frei, sich vor keinem bekannten Gott mehr zu beugen. Auch nicht vor dem Gott, der angebetet wurde im Tempel. Seine Liebe zu Gott, der wohnt im Tempel zu Jerusalem, war stark. Deshalb war er wütend, wenn Gott für Drohungen und Forderungen nach Opfern von den Priestern missbraucht wurde. Aber dass der eine Gott größer zu denken war, lernte er in seinem Leben. Auch den Willen jenes Gottes zu ergründen. Sein Reich auf dieser Erde für alle Menschen spürbar werden zu lassen, das war die Mission, die ich von ihm lernen durfte. Und so durchlebe ich in meinen Gedanken seine Gedanken.

In einer Welt der Götter ist die Frage nach dem wahren Gott eine entscheidende. Aber gibt es ihn, den einzig wahren Gott unter den vielen Göttern? Damaskus hat seinen Gott, und Pella einen anderen. Die Römer haben ihre Götter, die Griechen, die Ägypter. Ich kenne die Götter aus Babylon, und ja, ich kenne den Gott Israels, der da wohnt im Tempel zu Jerusalem und auf dem Garizim. Ich kenne den Gott in der Stadt Arbela. Assyrer und Heiden, Menschen aus Judäa und Persien leben im Reich Adiabene. Auf meinen Reisen sind mir so viele Götter begegnet. Heute ist meine Heimat Damaskus. Und oft bin ich unterwegs als Händlerin mit Seide und Gewürzen auch in der Stadt Arbela. Aber in Damaskus bin ich zuhause. Dort, wo mein Haus steht. Das Haus meines Mannes Eliezer, der so früh gestorben ist. Ich verdanke ihm mein erstes Leben, jedenfalls in bestimmter Hinsicht. Ich lernte ihn kennen bei meiner Hochzeit. Damals war ich gerade Frau geworden. Meine Sippe lebt in der Nähe von Magdala, einer Stadt in Galiläa am Westufer des Sees von Tiberias, deren Fische sogar in Rom bekannt sind. Dort wurde ich aus dem Hausstand meines Vaters heraus in den Hausstand von Eliezer gegeben. Eliezer von Galiläa war ein reicher Händler aus Damaskus, der auch eine Handelsstation betrieb in Magdala, auf seinen Wegen nach Caesarea am Meer und nach Tyros. Für mich war es eine Zeit, in der ich nicht wusste, was es heißt, eine Frau zu sein, dazu war ich zu jung. Aber was es bedeutete, verheiratet zu sein, erfuhr ich schmerzlich. Herausgerissen aus der Sippe meines Vaters fand ich mich im Besitzstand des Mannes Eliezer wieder, der mich mehr als Schmuck seines Hauses betrachtete, als er mich als Mensch behandelte. Ich sah ihn kaum. Während ich in seinem Haus in Magdala lebte und lernte, den Hausstand zu versorgen und den Dienern zu befehlen, die Waren zu ordnen und sie bereit zu machen für die Reise gen Korinth und Rom, war er meist unterwegs. Ich gebar ihm keine Kinder, denn er starb nur wenige Jahre nach unserer Hochzeit. Nach vier Jahren, ich war gerade siebzehn Sommer alt, wurde ich Witwe. Es hieß, er sei mit einer Karawane von Waren überfallen worden auf dem Weg zwischen Damaskus und Galiläa. Andere sagen, er sei in einen römischen Hinterhalt geraten und habe so sei sein Leben und die Ware verloren. Für mich aber begann eine neue Zeit. Schmerz, Trauer, Verlust. All das verspürte ich. Aber auch Freiheit, da ich nicht mehr einfach Besitz des Mannes war, den ich kaum kannte. Plötzlich war ich seine Witwe und Erbin eines großen Vermögens.

Maria von Magdala, so nannten mich Markus, Lukas und die anderen, die über ihn,

Jesus, schrieben. So kannte mich auch Jesus. Heute kennt ihr mich als die, die ich heute bin. Maria aus Damaskus. Nur drei Sommer durfte ich mit Jesus zusammen sein, bis man ihn in Jerusalem ermordete. Drei Sommer voller Wunder. Drei Sommer voller Leidenschaft für Gottes Reich, das in der Verkündigung Jesu nicht von ferne kommt, sondern in jedem Menschen zur Geltung gebracht werden kann durch Berührung der Seele, durch bloße Anwesenheit von Güte und Erbarmen. Durch die Berührung seiner Hände wurden Wunden geheilt, Dämonen vertrieben, und es kehrte in seiner Nähe ein Gefühl von Geborgenheit ein, ein Gefühl von Heimat. Heimat, die nicht mehr verloren geht und nicht vertrieben werden kann.

Der Schmerz über seinen Tod ließ mich heimkehren in die Heimat meines Mannes Eliezer. Ich hatte keine Heimat mehr. Meine Heimat war, die Nähe Jesu zu spüren, ihm Gefährtin zu sein. Nach seinem Tod übernahmen Petrus und Jakobus, sein Bruder, die Führung der Jünger. Stephanus wäre mir ein treuer Gefährte gewesen. Stephanus war Grieche, sein Geist war freier als der Geist der Jünger aus Galiläa. Manchmal denke ich, dass die Jünger aus Galiläa noch viel zu gefangen waren in den Gedanken daran, Gebote zu befolgen und Opfer zu bringen. All das kannte Stephanus nicht. Vielleicht konnte er sich unbefangener für Jesus entscheiden. Auf jeden Fall war sein Zeugnis für Jesus so voller Freude und sie war laut und deutlich zu hören. Auch er sah den Himmel offen, wie einst Jesus bei seiner Taufe. Der Zorn des Tempels ereilte Stephanus. Er wurde gesteinigt vor den Toren der Stadt. Und die Jünger Jesu, Petrus und die anderen, sie schwiegen. Vielleicht das erste Verbrechen der Nachfolger Jesu. Sie schwiegen zur Steinigung des Stephanus. Ich wusste, in diesem Kreis der Jünger würde ich meine Heimat nicht mehr finden. Schweren Herzens brach ich auf nach Damaskus. Dort angekommen, begann ich vieles zu ordnen, was so lange einfach verwaltet wurde in meinem Namen. Ich hatte gute Verwalter, und mit den Geschäften war alles in Ordnung. Ich fand das Haus des Eliezer geordnet vor. Schon lange hatte man mich dort erwartet. Aber ich wollte bei Jesus sein. Wenigstens diese drei Sommer war ich glücklich. Jetzt kehrte ich heim.

In den vielen Papieren, die sich angehäuft hatten, fand ich eine Einladung. Es war eine Einladung an den Hof zu Arbela. Ausgesprochen und geschrieben an Eliezer, meinen Mann. Sie war schon Jahre zuvor eingetroffen. Aber niemand war da, die Einladung anzunehmen. Eliezer war tot und ich, Maria, kam erst jetzt in Damaskus an. Es stand in der Einladung kein Grund. Könige geben keine Gründe an, einen Menschen zu treffen. Drei Monde vergingen, bis ich beschloss, der Einladung zu folgen. Gleichsam im Namen meines Mannes Eliezer. Also belud ich Kisten mit Schmuck, Körbe mit Gewürzen und vor allem mit Balsam aus Jericho. Grüner Eilatstein in goldener Fassung. Ein Stein, dem man nachsagt, die Freude am Schönen zu erwecken in demjenigen, der ihn trägt.

Die Reise war lang. Ungefähr vier Monde. Es ging nach Norden auf alten Straßen, immer die Wüste zu unserer Rechten. Es war der Weg, den Eliezer oft gegangen war, Handel zu treiben mit der Welt. Auch mit der Welt der Helene von Adiabene. Für mich war es die erste Reise so weit entfernt von Damaskus. So weit entfernt von Jerusalem. So weit entfernt von dem Ort, an dem ich den Freund verlor. Lange wurde ich nicht vorgelassen. Könige und auch Königinnen lassen bitten, aber sie lassen auch auf sich warten. Ich ahnte nicht, dass ich vor der Königinmutter stand, als sich eine ältere Dame mir näherte. Sie muss so um die sechzig Sommer alt gewesen sein. Ihre Gesichtszüge verrieten das Alter, aber auch die Schönheit, die sie einst gewesen sein mochte. Würdevoll, aufrecht, gekleidet in schwarze Seide, die von einer goldenen Brosche gehalten war. Ich habe den Händler aus Galiläa erwartet, sagte sie. Den Mann mit seinem Glauben an den Gott der Judäer. Den Mann mit der feinsten Seide und den Gesetzen der Väter über einen Gott, den zu erkennen ich mich sehne, sagte Helene der Frau des Eliezer, mir. Verlegen, leise berichtete ich ihr von seinem Tod. Ich überreichte ihr den Eilatstein als Zeichen der Dankbarkeit. Harmonie verspricht der Stein, sagte ich ihr. Und dankte höflich für die Einladung. Sie würde mich rufen lassen, wenn die Hitze des Tages der Kühle Raum gab am Abend. Sie würde mich rufen lassen, morgen, am Abend.

Schon einmal wurde ich gerufen, in mein zweites Leben. Es ist eine Ewigkeit her. Es war in der Nähe von Magdala. Damals, als mein Mann gestorben war und ich in die tiefste Einsamkeit meines Lebens getrieben wurde. Ich war so jung. Und viele Fragen konnte ich mir selbst nicht beantworten. Strafte Gott meinen Mann? Warum musste er sterben? Viele sagten damals, ich sei von Dämonen besessen. Sieben an der Zahl. Vielleicht war es so. Wenn es so war, dann waren es Dämonen der Angst, der Einsamkeit, der Trauer, Dämonen der Verzweiflung, der Hoffnungslosigkeit, der Leere und der Tränen. Damals rief mich Jesus, schaute mir in die Augen, erzählte von einem mir fremden Gott. Es war ein Gott, der die Schmerzen der Menschen sah. Ein Gott, der nicht nach Schuld fragt und keinem Menschen der Sünde wegen Schmerzen zufügt. Sein Gott war ein Gott heilsamer Begegnung. Das kannte ich nicht. Ich kannte ihn, Jesus, noch nicht. Und doch war mir, als veränderte sich mein Leben nur durch seine Augen. Die Art, wie er mich ansah, die Art, mich zu berühren. Seine Stimme. Es war mir wie ein Wunder. Ein neues Leben brach an und endete so tödlich, noch im dritten Sommer nach unserer ersten Begegnung. Drei wunderbare Sommer. Ich durfte erleben, wie heilsam er war für Menschen, die gebrochen waren in ihrem Leben. Ich hörte ihn reden vom Reich Gottes. Mitten unter uns sei es lebendig. Ich war immer bei ihm, bis zu dem Tag, da er sich mit den Mächtigen des Tempels überwarf, angeklagt und ermordet wurde.

Als es Abend wurde über Arbela, rief sie mich zu sich, Helene, Königinmutter in Adiabene. Wir lagen zu Tische, schwiegen lange, genossen den Augenblick zweier Menschen, die sich verstanden, noch bevor sie miteinander sprachen. Ich, Maria, war jetzt vierzig Sommer alt, Helene schon sechzig. Helene wollte mehr wissen über mich, über mein Leben. Sie wollte wissen, wie es mir in jungen Jahren ergangen war. Wie ich meine Heirat erlebt hätte, damals, als ich verheiratet wurde mit Eliezer aus Damaskus, dem Händler und Gesetzeskundigen aus Galiläa, mit seiner Handelsstation in Magdala. Er starb früh. Und wie von selbst sprach ich, worüber ich so lange geschwiegen hatte. Aber es waren nicht Gedanken an meinen Mann Eliezer, die in mir wach wurden. Es waren meine Gedanken im Angesicht des Todes jenes Jesus aus Nazaret.

Es war nach Jesu Tod. Als der Sabbat vorüber war, kaufte ich Duftkräuter und Balsam, um zusammen mit Maria, der Mutter des Jakobus, und Salome Jesus zu salben. Voller Trauer, voller Erschöpfung und doch den Gesetzen der Alten gehorchend, ging ich hinaus zum Grab. Ich wollte allein sein bei ihm, und ich war allein. Ich schaute hinein in das Grab, und mir war, als wären Boten von Gott zugegen, die mich fragten, was meine Tränen bedeuten. Einsamkeit bedeuten sie, flüsterte ich, so als spräche ich zu mir selbst. Angst bedeuten sie, so als käme alles wieder zurück. Der Tod, die Verzweiflung, der Schmerz, die Leere und die Tränen. So als wäre die Hoffnung geschwunden auf das Leben mit ihm, in der neuen Welt, die er verheißen hat. Nichts mehr war da von ihm in diesem Grab. Nichts mehr. Weggerafft, verschleppt, beraubt. Ja, ich fühlte mich beraubt im Angesicht des Todes. Beraubt meiner Träume, beraubt meines Lebens. Der Tod ist so radikal, vernichtend. Wohin habt ihr ihn gebracht? Und ich schrie in die Nacht – wieder und wieder.

Wo ist mein Rabbuni? Mein Lehrer, mein Freund, mein Bruder.

Lange Zeit stand ich weinend vor seinem Grab. Die Gespräche der Jünger im Obergemach beim Davidsgrab interessierten mich nicht. Natürlich waren auch sie voller Angst. Auch sie waren gezeichnet vom Tod des Freundes. Aber sie hatten Angst um sich selbst. Ich hatte Angst, dass er mir verloren war und ich ihn nie wieder würde spüren können. Nie wieder würde ich seine Stimme hören. Seine Hände würden mich nie mehr berühren, und mein Herz war voller Tränen und Einsamkeit. Meine Angst galt dem Verlust, den ich erspürte in mir, und dem Erleben der Zerrissenheit, das der Tod erzwingt in den Herzen derer, die lieben. Ein Gerücht machte die Runde in Jerusalem: Er sei auferweckt aus den Toten. Mich interessierte das nicht. Ich wollte ihn umarmen, ihn erspüren, seine Augen wollte ich sehen und spüren, wie er Leben brachte in so viele totgeglaubte Seelen. Die Männer redeten sich in Rage. Der Auferweckte, der Messias, der Erlöser, der Herr und Meister, der Christus, der Gesalbte Gottes, der Sohn des lebendigen Gottes. Für sie war der

Tod am Kreuz der Augenblick, da er sein Leben hingab für die Vielen. Für mich war es der Augenblick des größten Missverstehens der Geschichte. Jedenfalls meiner Geschichte. Sie nahmen das Leben dessen, der Leben schenkte. Sie schlugen den, dessen Hände die Vielen geheilt hatte, sie spuckten dem ins Gesicht, der die Verspotteten umarmte.

Rabbuni!, schrie ich in den Morgen, Rabbuni, wo bist du? Und vier Worte bahnten sich damals an diesem Tag in mein Herz: Halte mich nicht fest. Ich sank auf die Knie, weinend, schreiend. Mein Körper zitterte am ganzen Leib. Die Dämonen waren zurück. Sieben an der Zahl. Angst, Einsamkeit, Trauer, Verzweiflung, Hoffnungslosigkeit, Leere und Tränen. Maria, die Mutter des Jakobus, und Salome brachten mich zurück ins Obergemach nahe der Stelle, an der er ermordet wurde. Und sie berichteten den Jüngern von der Leere am Grab. Ich habe von all den Dingen, die berichtet wurden, nichts mitbekommen. Ich sah ihn, Jesus, weder durch verschlossene Türen gehen noch hörte ich ihn vom Frieden sprechen, der jetzt beginnen sollte. Ich habe nicht mit ihm gegessen am Ufer des Sees Gennesaret. Und ich habe nicht in seine Wunden gefasst. Ich war nicht dabei, als Petrus wieder Hoffnung schöpfte, zusammen mit Natanael von Kana in Galiläa, den Söhnen des Zebedäus und zwei anderen Jüngern. Auch sie waren verzweifelt, kehrten heim in ihre Stadt am See Gennesaret, machten das, was sie taten, bevor sie Jesus folgten. Sie waren Fischer und sollten es bleiben. Waren es, doch ihre Verzweiflung ließ sie keinen einzigen Fisch fangen. Nicht in der Nacht. Nicht in der Nacht des Todes. Aber sie wollten jenem glauben, der am Ufer stand und ihnen gebot, mitten in der Nacht hinauszufahren und erneut die Netze auszuwerfen. Sie taten es. Und sie waren erfolgreich. Und sie blieben erfolgreich. Menschen zu fischen, waren sie bereit. Dem Sohn des lebendigen Gottes zu folgen, dem Gesalbten des Herrn, dem Erlöser. Für sie stand fest: Sie würden ihm folgen, dem Auferstandenen, dem Herrn und Meister, dem Christus. Schon bald würde keine Rede mehr sein von Jesus, dem Mann aus Nazaret. Bald schon würde er aufsteigen in den Himmel. Dort würde er sitzen zur Rechten Gottes des Vaters, zu richten die Lebenden und die Toten.

Sie haben nichts verstanden. Nichts! Eben darum ging es nie, im Gegenteil. Nie mehr Gericht! Doch das Gericht hat sich wieder durchgesetzt. Ich, Maria, jene aus Damaskus, geboren in Magdala, wusste es damals schon, Tage nach seiner Ermordung. Sie würden eine neue Botschaft formen, wo er nur Menschlichkeit wollte im Namen des einen Gottes. Abschied von Jesus. Darum ging es mir. Ich wollte nur Abschied nehmen vom Freund und Bruder, meinem Gefährten. Ich wollte Raum für die Tränen, kämpfte mit den Dämonen. Saß am Rande, als sie alle zurückkamen aus ihren Wohnhöhlen in Nazaret. Maria, seine Mutter, Jakobus, der jüngste Bruder, und die Brüder, die ihn einst vertrieben mit ihrem Wahnsinn eines Gottesreiches, das mit Gewalt kommen würde über uns. Die Davidsöhne feierten Heimkehr in den Jüngerkreis Jesu, zu dem sie nie gehört hatten. Nicht, solange er lebte. Jetzt bekamen sie Oberwasser. Und sie diskutierten Gesetze und den Willen Gottes! Mich interessierten ihre Gesetze nicht. Ich wollte seine Liebe zurück. Ich wollte die verlorene Hoffnung zurück, ich wollte ihn zurück! Doch er blieb fern! Für sie war es Neubeginn, als sie für Augenblicke die gleiche Sprache fanden, an dem Tag, als sie sich für kurze Zeit die gleiche Sprache sprechen hörten. Als sie mit Zungen sprachen und lallten von einem Leben nach dem Tod. Wussten sie, was sie da sprachen? Noch fürchteten sie mich. Mich, Maria aus Magdala. Petrus wusste es: Mich liebte er anders. Anders als alle anderen. Mit mir sprach er Dinge, die allen anderen fremd bleiben sollten. Und schon damals fürchteten sie, ich würde mein Bekenntnis öffentlich machen vor aller Welt. Aber ich war nicht in der Lage, damals. Ich konnte nicht reden. Ich konnte nicht kämpfen, ich konnte nicht in Zungen reden, und ich war nicht mächtig, dem Davididen Jakobus entgegenzutreten, der aus dem Bruder wieder einen Sohn Davids und den Messias machte. Und ich war nicht kräftig genug, dem Petrus zu widersprechen, der aus ihm den Sohn machte, den Sohn des lebendigen Gottes. Für mich blieb er der Menschensohn, der Freund, der Bruder. Doch für mich war der Tod so mächtig in den Tagen nach seinem Tod, dass ich schweigen musste. Ich schwieg.

Als sie dann noch zuschauten und zuließen, wie Stephanus totgeprügelt wurde, floh ich aus Jerusalem. Ich konnte den Ort des Tötens nicht länger ertragen. Ich konnte den Gestank des Tempels nicht mehr ertragen. Ich konnte die Priester und die Frommen, die scheinheiligen Vertreter der neuen judäischen Gesetze nicht mehr ertragen, die in langen Gewändern an den Ecken standen, damit jeder sie sehen möge mit ihren Gebetsriemen und den Gebeten auf den Lippen, die schon Jesus widerwärtig waren. Ich fand mich leer und allein inmitten einer Stadt, die ihn, Jesus, bald vergessen haben wird. Ihn, der gelebt hat unter uns, der geliebt und gerungen hat mit seinem Gott. Ein wenig auch in unserer gemeinsamen Liebe. Es war die Liebe zu einem geheilten Leben. Sieben Dämonen nahm er mir und schenkte mir, was ich nicht mehr zu hoffen gewagt hatte. Mein Leben. Dann aber, in den Tagen seines Sterbens, nahm ich Abschied von den Weggenossen, Abschied von Jerusalem, Abschied von ihm, dem Freund und Bruder, dem Gefährten. Jesus aus Nazaret. Ich ging nach Jericho, machte den Umweg über Petra, blieb Monde in der Stadt der Nabatäer. Nur langsam zog ich auf dem Königsweg, von Oase zu Oase durch die Wüste, bis ich das

Haus meines verstorbenen Mannes erreichte in Damaskus. Die Stadt kam einem Paradies gleich inmitten der Wüste. Hier sollte ich Frieden finden. Hierher kam Jakobus nicht und Petrus auch nicht. Hier war ich frei von den Kämpfen in Jerusalem.

Und allmählich kehrte die Erinnerung zurück, die lebendige, Leben stiftende Erinnerung an ihn, der gestorben war in Jerusalem. Hier wurde er mir wieder lebendig. Zuerst in meinem Herzen. Später, viel später entdeckte ich ihn in meinem Leben, fand ihn wieder in meinen Worten, dann in meinen Taten. Ja, hier lebte bald eine Jesusgemeinde, wie Babylon sie nie kannte. Hier wurde lebendig, was er gelebt hat. Von hier sprach man bald von einem Israeliten, der den einen Gott gefunden hat. Und der seine Kraft und seine Taten schöpfte aus dem Glauben an seinen Vater, der alle Menschen gemeint hat. Ein Gott der Freiheit und Gerechtigkeit, das war er immer für die Kinder Israels, aber in den Gemeinden, die sich beriefen auf den ermordeten Propheten und Lehrer aus Nazaret, war er mehr als ein Gott, der wohnte im Tempel in Jerusalem. Es war der barmherzige Gott, der sein

Himmelreich aufschloss für alle Menschen. Und ein jeder Name eines jeden Menschen war aufgeschrieben bei ihm, dem Vater, seinem Vater, dem Vater unser, aller Menschen Vater im Namen des Sohnes, der aus dem Kaff Nazaret stammte in Galiläa.

# Erste Begegnung mit Jesus

Wie hast du ihn kennengelernt, ihn, Jesus, wollte Helene, Königinmutter von Adiabene, von mir wissen. Bei unserer ersten Begegnung, sprach ich zu Helene, bei unserer ersten Begegnung hat er mich von meinen Dämonen befreit. Es ist ein merkwürdiger Weg, den ich gegangen bin. Ich war krank. Von Dämonen besessen. Vielleicht wäre ich ohne die Heirat niemals krank geworden. Mit Bestimmtheit hätte ich aber niemals die Möglichkeit gehabt, jenen Jesus aus Nazaret und seine Freunde zu unterstützen, hätte das Vermögen des Eliezer mich nicht zu einer reichen Frau gemacht. So ist der Wille Gottes. Er fragt nicht. Manches ist Entscheidung. Und manchmal sollen Dinge geschehen im Leben, die wir nicht erbeten haben und die doch auf wunderbare Weise unser Leben wandeln. Er hat es getan, Jesus aus Nazaret. Er hat mein Leben verwandelt. Ich blieb ihm treu, unterstützte ihn, wurde seine Gefährtin und seine Freundin. Er führte mich in mein neues Leben, wie es kein anderer vermochte. Und er tat es immer wieder. Einmal wurde er in Kafarnaum am See zu Jaïrus gerufen. Jaïrus war Vorsteher, ein bedeutsamer Mann. Weinend sprach er zu Jesus, seine Tochter läge im Sterben. Er möge sich nicht ängstigen, er möge glauben, war Jesu Antwort.

Ich habe mich lange Zeit gefragt, was Jesus meinte, wenn er vom Glauben sprach. In den vergangenen Jahren habe ich viel nachgedacht und gelesen. Damals mit Jesus und den anderen Jüngern begann ich über die Schriften zu streiten. Jesus konnte lesen und schreiben. Wer den Willen Gottes wissen will, muss seine Schriften erforschen. Deswegen können viele in meinem Land lesen und schreiben. Die richtigen Worte zu wählen und ihre wahre Bedeutung zu kennen, macht die Verwendung von Worten zu einer mächtigen Waffe. Das ahnte ich immer und wurde dessen gewiss, als ich merkte nach dem Tod Jesu, wie Menschen begannen, über ihn zu reden. Seine Worte, die er in Aramäisch, Hebräisch, Griechisch und auch in Römisch sprach, wurden zu Waffen. Worte in der einen Sprache haben andere Wurzeln in der anderen. Das Wort vom Glauben ist ein Beispiel. Schon heute, zwanzig Winter nach seinem Tod, behaupten Jünger, dass der Glaube an ihn als den Auferstandenen entscheidend sei. An ihn zu glauben würde ihn in unseren Bitten zur Rechten Gottes sitzen lassen, zu richten die Lebenden und die Toten. Aber in Jesu Welt gibt es eine solche Vorstellung über den Glauben nicht. Zu glauben bedeutet für ihn zu vertrauen. Immer wieder habe er gesagt: Dein Glaube hat dir geholfen. Aber das sind Fälschungen, die an die Wurzel des Lebens Jesu nicht mehr heranreichen. Ich stand so oft bei ihm, als er sagte: Dein Vertrauen hat dir geholfen.

Du verwirrst mich, Maria, sagte Helene. Ich habe gelernt, an Gott zu glauben, bedeutet, seine Gesetze zu befolgen und seine Weisungen, aufbewahrt von seinen Priestern und Propheten. Eben das heißt es nicht, entgegnete ich ihr. Nicht in dem Glauben, den ich kennenlernen durfte durch jenen Mann aus Nazaret. Zu glauben, das klingt, als könnte man den Glauben lernen. Gebote, Gesetze. Alles aber bliebe wie ein Ruf von außen. Gebote zu lernen und sie einzuhalten, hat unmittelbar Belohnung und Strafe zur Folge. Befolge ich sie, gehöre ich zu den Guten. Gesetze zu verweigern, würde mich ins Unrecht stellen. So funktioniert Religion schon immer. Aber es führt uns weit weg von dem, was Jesus uns vorleben, ja mit uns leben wollte. Ihm ging es darum, ob wir einander vertrauen können. Ob, was wir denken und tun, übereinstimmt. Ihm ging es darum, wie wir einander in Beziehung setzen. Darum hat er Menschen berührt. Bei jeder Berührung spüren wir unmittelbar, was ein Mensch mit uns leben möchte. Seine Berührungen waren in Spucke getränktes Vertrauen. Denn nur in absolutem Vertrauen würde es dich nicht ekeln, von Spucke berührt zu werden. Oft machte er aus Spucke und Erde einen Teig, berührte damit die blinden Flecke des Lebens, und Menschen bekamen ihren Durchblick wieder durch das Vertrauen, das sie in seine Berührung setzten. Wenn er, Jesus, einen Menschen küsste, ging es nicht allein um Lust und Verlangen, es wurde Geborgenheit und Heimat spürbar auch für jene, die ihr Leben verloren glaubten. Vertrauen, Helene, Vertrauen ist das Zauberwort, das wir unseren Glauben nennen.

Lass es dir erzählen am Beispiel der Tochter des Jaïrus. Sie sei tot, sagte man. In den Augen des Vaters war sie es. Jesus wusste, es war anders. Es ist eines jener Zeichen, über die wir gesprochen und uns ausgetauscht haben, als die Jünger schon schliefen. Oft saßen Jesus und ich nachts zusammen. Ich fühlte mich ihm nah, und seine Worte waren so berührend. Aber genau das war das Geheimnis, das er mir immer wieder neu zeigte. Es gibt eine Nähe, die heilt, und eine Nähe, die zerstört. Auch Jaïrus war seiner Tochter nahe. Aber seine Nähe erdrückte, seine Macht ließ ein gutes Leben seiner Tochter nicht zu. Was hast du gesehen, fragte er mich damals. Nun, sagte ich. Wir kamen ins Haus des Jaïrus. Alle waren zu Trauer gerührt. Jaïrus wie versteinert. Er, Jesus, ging an das Bett der Tochter, setzte sich neben sie, nahm ihre Hand. Lange sprach er nicht. Nur Berührung war zu spüren und eine Kraft, die von ihm ausging. Diana, sprach er, und nannte ihren Namen. Und die Worte, die ich nie mehr vergaß: Talita kum! – das heißt übersetzt: Mädchen, ich sage dir, steh auf! Und gleich stand Diana auf und ging umher. Ein Wunder?, fragte Helene. Für die einen ein Wunder, sagte ich, Maria aus Damaskus, für mich war es viel mehr. Denn in der Nacht kam er, Jesus, zu mir. Wir sprachen darüber, was dort geschehen war. Maria, so sprach er, Jesus: Frauen haben kaum Anteil am Leben. Sie leben wie zum Besitz des Mannes gehörig. Sie sind geboren, um verheiratet zu werden. Das ist ihre ganze Berechtigung. Aber was unterscheidet Mann und Frau, Sklaven und Herrin, Kind und Erwachsene in den Augen Gottes? Nichts. Sie sind alle Ebenbild Gottes. Weil sie Menschen sind.

Dies war das erste Mal, dass Jesus über die Menschen sprach aus den Augen Gottes. Das war es, was die Tochter Diana im Hause des Jaïrus gespürt haben mag. Dass ihr Leben keinen Wert an sich bedeutete und sie als Persönlichkeit nicht wahrgenommen wurde. Allenfalls als Tauschobjekt für den Vater und Ware der Verheiratung. Sie war jung, noch nicht Frau. Aber wie sollte sie erwachsen werden, wenn sie sich ihrer eigenen Zukunft beraubt sah? Also wich das Leben mehr und mehr aus ihrem Herzen, aus ihrem Geist, schließlich aus ihrem Körper. Als Jesus sich setzte neben sie an den Rand ihres Bettes und

Diana spürte, wie seine Hand sie berührte, eine Hand, die nichts von ihr verlangte, die nichts begehrte, außer, dass sie sich selbst spüren sollte in ihrer Person und als Person. Als sie sich schließlich angesprochen fühlte als Diana, nicht einfach als Tochter des Jaïrus, die zur Verheiratung nun alt genug erschien, spürte sie sich angenommen als das, was sie war, als Kind, das in Jesu Hand nun Beziehung aufnahm und ihn und die Welt zu spüren begann. Und als würde er ihr ihr eigenes Leben zusprechen, vernahm sie seine Worte: Talita kum! Nimm dein Leben in die Hand. Lass dich nicht festlegen auf den Tauschwert der Heirat. Und sie nahm an, was er ihr schenkte, ihr eigenes Leben.

Helene, das war die Geschichte der Tochter des Jaïrus. Irgendwie aber war es wie der Spiegel meiner eigenen Geschichte. Vielleicht waren meine Dämonen der Angst, die Dämonen der Einsamkeit, der Trauer, der Verzweiflung, der Hoffnungslosigkeit, der Leere und der Tränen auch meine Geschichte, als ich selbst verheiratet wurde. Ich hatte Angst, so jung in die Obhut einer neuen Familie gebracht zu werden. Ich fühlte mich einsam ohne meine Mutter, die Trauer wuchs sich in Verzweiflung aus, weil ich nicht wusste, wie es gehen sollte, die Frau eines Mannes zu sein und doch mein eigenes Leben leben zu wollen. Ich verlor die Hoffnung, weil die Gesetze so schwer wogen. Obwohl mein Mann geduldig war, spürte ich doch die Leere unerfüllter Sehnsucht in mir. Als er starb, wurden die Dämonen mehr. Zu sehr hielten sie mich gefangen. Bis eben jener Jesus auch in mein Leben trat.

Ich weiß es wie heute. Irgendwo auf dem Weg nach Sepphoris sind wir uns begegnet. Er hielt direkt vor mir an. An meinem Gewand konnte er sehen, dass ich Witwe war. Meine Diener beeindruckten ihn nicht. Er nahm wie selbstverständlich meine Hand. Das war ungewöhnlich, es war auch ungehörig in den Augen der Frommen. Auch ich erschrak in diesem Augenblick. Und doch spürte ich Nähe, sah in seinen Augen Geborgenheit sprechen hinein in mein Leben. Er sah mich an, und ich spürte mich, mein Leben wachte auf, mehr und mehr, in seiner Nähe. Ich sah in seine Augen und spürte seine Berührungen sehr zart. Es war, als schenkte er mir in einem einzigen Augenblick alles, was es zum Leben braucht. In der Tiefe der Seele das Gefühl von Geborgenheit. Und deshalb blieb ich fortan bei ihm, unterstützte den Steinmetz aus Nazaret. Wir wurden einander vertraut. Oft erzählte er von seinem Gott. Wie sich seine Beziehung gewandelt habe zu seinem Gott.

Helene, wenn er von seinem Vater sprach, spürte ich, dass es nicht der Gott Israels war, der sich ihm offenbart hatte, obwohl er selbst das geglaubt hat. Es war kein Nationalgott, den er erfuhr. Es war der Weltengott für alle Menschen. Er musste lernen, über die Schriften seines Volkes hinauszudenken. Er war ein Kind Nazarets, seiner Sippe, inmitten seines Dorfes voller Davidsöhne. Er musste lernen, sein Leben neu zu leben, als er gerufen wurde, sich zu erklären. Es war eine Vision, die ihn hinauskatapultierte aus dem Alten. Eine Vision, die die gemeinsame Welt mit seiner Familie zerstörte. Eine Vision, die ihn in die Konfrontation zwang mit den Frommen des Gottes der Judäer, die sich so sicher waren, Gottes Wille zu kennen. Alles wurde neu in ihm. Nicht magisch, nicht göttlich. Er musste sich entscheiden und es schmerzte. Und er entschied sich, einer Vision zu folgen, die das Leben vieler Menschen verändern sollte. Jedenfalls seines hat es radikal verändert und meines ebenso. Und so gebe ich dir Zeugnis über einen Mann, der größer gedacht und gelebt hat, als je ein Mensch von Gott gedacht, und den Menschen gegenübertrat als der, der wir alle sein können, als Brüder und Schwestern.

Es war spät geworden. Komm morgen wieder, Maria, sprach Helene. Ich freue mich, dass deine Dämonen dein Herz frei gaben. Und du musst mir mehr erzählen von jenem Mann aus Nazaret, der das vollbracht hat. Erzähl mir von seinem Gott, erzähl von seinen Taten. Vor allem erzähle mir, wie er die Menschen geliebt hat. Ich versprach ihr, es aufzuschreiben. Und ich werde es erzählen. Wieder und wieder, damit keiner mehr vergisst, wer jener wirklich war.

## Familienkrise Jesu

Als ich in der Nacht heimkehrte in meine Unterkunft in Arbela, konnte ich nicht schlafen. Ich war zu aufgewühlt. Wie lebendige Erinnerungen uns doch wachhalten können, dachte ich. Mich hielt der Gedanke an seine Familie wach. Er musste mit der gesamten Sippe brechen, als sie seiner Vision nicht vertrauten. Trennung von der Familie, ein Unding für einen Israeliten. Unsittlich war es, ein Tabubruch allemal. Manchmal hat er mir von seiner Kindheit erzählt. Wie er und seine Geschwister den alten Geschichten Davids lauschten und sie dann studierten. Nazaret war klein, und Nazaret war der Ort einer Sippe, die besonders stolz war, von David, dem großen König, abzustammen. Sie halten sich für etwas Besseres. Sie sind sich immer noch sicher, dass aus ihnen hervorgehen wird einer, Israels Stämme zu sammeln und in eine neue Zeit zu führen. Sie studieren die Schriften und ihre eigene Schrift – im Schatten der großen Stadt Sepphoris, der Landeshauptstadt von Galiläa.

In ihrem kleinen Kaff eiferten sie für Gott, der aus ihren Reihen den Messias rufen wird. Sie waren nicht viele. Die Dorfquelle nährte nicht mehr als 200 Menschen. Einige Wohnhöhlen, sonst nichts. Er half der Mutter beim Wasserholen vom Brunnen. Die Mutter lehrte ihn die wichtigsten Gebete und Schriften. Von Josef, dem Gerechten, seinem Vater, lernte er dessen Handwerk: Er war Steinmetz.

Viele Jahre später, da kannte ich ihn schon und begleitete ihn gerade in Kafarnaum am See Gennesaret, da wurde ich Zeuge, wie der Bruch zu seiner Familie endgültig wurde. Da kamen seine Mutter und seine Brüder. Und draußen stehend sandten sie zu ihm und ließen ihn rufen. Um ihn herum saßen Leute, und man sagte ihm: Da! Deine Mutter und deine Brüder und Schwestern draußen suchen dich. Er aber sagte zu ihnen: Wer sind meine Mutter und meine Brüder? Und ringsum schaut er die im Kreis um ihn Sitzenden an und sagte: Da sind sie – meine Mutter und meine Brüder! Wer den Willen Gottes tut: Der ist mir Bruder und Schwester und Mutter. Jetzt gab es kein Zurück mehr. Jesus hatte sich entschieden, seiner Vision zu vertrauen.

Er ließ seine Familie zurück. Er wählte eine neue.

Kann man seine Familie wählen, fragte ich ihn des Nachts, als bereits alle schliefen. Wie so oft waren wir die letzten, die noch wach waren. Wir gingen hinunter zum See. Dort in der Kühle des Abends saßen wir oft. So auch an jenem Abend. Maria, sprach er, meine Mutter, meine Geschwister können nicht vertrauen auf das, was ich erlebt habe bei meiner Taufe am Jordan. Sie glauben an ihre Schriften, an den Gott Israels, der wohnt im Tempel zu Jerusalem. Sie folgen den Gesetzen ihrer Väter. Bald wird Gott dieser Erde ein Ende bereiten. Das war ihre Vision. Gott würde Gericht halten über diese Welt und übrig blieben die, die gerecht lebten vor Gott. Daran halten sie fest. Und wie die Söhne des Lichtes glauben auch sie, Gott werde sie führen gegen die Feinde. Das ist die Idee des gerechten Krieges, den Menschen immer führen wollen, und sie arbeiten hart daran, zu den Siegern zu gehören und nicht zu den Verlierern. Aber was wäre das für eine Welt, in der es nur darum ginge zu siegen. Niemand sollte sich den Himmel verdienen müssen, Maria. Für sie bin ich ein Verräter an unseren Propheten, die sie retten wollen. Ich aber habe Gott ganz anders gesehen. Es geschah bei Johannes, als er mich untertauchte. Damals hoffte ich, ganz wie Johannes es gelehrt hat, durch die Taufe dem Gericht zu entgehen und zu den Gerechten zu gehören. Doch war ich noch vor Augenblicken bereit gewesen, Johannes zu folgen und andere zu taufen, so war ich nun überwältigt von der Stille, die mich plötzlich umgab. Als ich die Augen zum Himmel erhob und sah, was mir offenbart wurde. Maria, der Himmel ist offen, sagte er, verstehst du, er ist nicht verschlossen, wie man es uns gelehrt hat. Mit einem mächtigen Tor sei der Himmel verschlossen und Satan, einer der treusten Engel Gottes, halte Wache, bis die Kinder Israels sich vor diesem Tor einfanden. Er halte Gericht über die Menschen, und nur die Gerechten kämen in den Himmel und sähen Gott von Angesicht zu Angesicht. Ich aber sah Satan wie einen Blitz aus dem Himmel stürzen. Und die Namen eines jeden Menschen sah ich eingeschrieben in dem nun offenen Himmel. Verstehst du, Maria, Gott ist nicht der Richter über uns. Der Himmel ist offen für alle Menschen, ohne Wenn und Aber. Unser Gott ist nicht eingesperrt im Tempel zu Jerusalem oder auf dem Garizim. Er ist der eine, der Vater aller Menschen, der uns Menschen und seine Geschöpfe liebt. Wir warten auf das Reich Gottes und wir tun es zwingend und erwarten ihn dringlich. Aber es wird die alte Welt nicht einfach zerstört um einer neuen willen. Gott wirft nichts weg und zertritt nicht das Leben wie Abfall am Wegesrand. In meiner Vision kommt Gottes Reich vollkommen anders zu uns. Es ist ein Reich Gottes mitten unter uns, das sich mehr und mehr Bahn bricht von Herz zu Herz in allen Menschen. Ich war in der Wüste des Lebens, Maria, vierzig Tage lang. Du musst sehen, was ich gesehen habe, spüren, was ich gespürt habe, begreifen, was mich berührt. Dann wirst du Zeugnis ablegen von einem Mann, der Gottes Himmel offen gesehen hat. Maria. Das Reich Gottes ist keinem Leistungsprinzip unterworfen. Es kommt nicht darauf an, Gesetze zu befolgen und dem Tempel Opfer zu bringen. Es kommt darauf an, dich wahrhaft als Mensch zu begreifen, der vor Gott anerkannt ist, weil du lebst. Jede Gebrochenheit gehört zu dir, der

Schmerz des Lebens und dein Glück. Du darfst sein, wer du bist. Atme tief durch. Das Reich Gottes verlangt dir das Leben nicht ab, als wäre es eine große Prüfung. Das Reich Gottes erkennt dich an, so wie du bist. Und spricht dir zu: Du darfst einfach du selbst sein.

Manchmal sprach er mir von seinem Leben vor seiner Taufe. Seine Fragen, seine Versuche zu leben. In Nazaret war er einer unter vielen, ein Steinmetz. In Sepphoris war er Handwerker. Deckte die Dächer aus Stein und lernte die Welt kennen. Die ganze Welt war auf den Handelsrouten der Welt unterwegs. Überall hinterließen die Menschen ihre Spuren. Und so lernte er sie kennen, die Welten in Sepphoris. Ein griechisches Theater, römische Bäder, Straßen und Tempel. Dionysos, der Gott des Weines, der Freude, der Trauben, der Fruchtbarkeit, des Wahnsinns und der Ekstase. Als junger Mann hat auch er, das war den Judäern keinesfalls fremd, an den Symposien des Dionysos teilgenommen. Vielleicht nannten sie ihn schon damals deswegen einen „Fresser und Säufer", wie die Frommen ihn später schimpften. Wichtig ist, Maria, dass die Menschen erkennen, es gibt nur einen Gott.

Darum geht es. Es geht nicht um die Rechthaberei einer sich zerstreitenden Welt. Es geht um eine geeinte Menschheit, die sich findet um den einen barmherzigen Gott.

Dies waren seine Gedanken, die er mit mir teilte. Dies war der Bruch mit seiner Familie. Wie schnell doch einige wieder da waren nach seinem Tod. Jakobus allen voran. Der kleine Bruder. Wie sehr sie ihn, Jesus, für ihre Zwecke missbrauchten. Auch jetzt noch versuchen sie, ihn in ihre Gedanken von Himmel und Erde einzuzwängen. Ein Gott, soweit würden sie ihm folgen. Aber ein Gott für alle Menschen. Das haben sie nicht begriffen. Sie stellen ihren eifersüchtigen Gott den anderen Göttern gegenüber. Und ihn, Jesus, wollen sie an dessen Seite sehen, damit auch sie an seiner Seite sein würden. Wie etwa Jakobus und Johannes, die beiden Zebedäussöhne, es immer wieder versuchten. Noch zu der Zeit, da er bei uns war, suchten sie ihren Platz ganz nahe am Thron im Himmel, neben ihm. Er aber wies sie stets ab. Ich, Maria aus Damaskus, wusste warum und lege nun Zeugnis für ihn ab. Für ihn, Jesus aus Nazaret, den Fresser und Säufer, den Freund aller Menschen. Weil er nur einen Gott kannte, den barmherzigen Gott aller Menschen, konnte er die Menschen annehmen, wie sie sind. Das musste er lernen. Und lernen ist schwer. Es bedeutet, sich zu entwickeln. Altgewohntes zu überdenken. Alte Gedanken in neue Gedanken zu wandeln.

# Heilung eines Aussätzigen

Tags darauf, auf meinem Weg zu Helene, Köstliginmutter von Adiabene, es war am Nachmittag, da begegnete mir ein Aussätziger. Ungewöhnlich, ihm einfach auf der Straße zu begegnen, dachte ich noch, als ich die Schreie vernahm. Die Schreie der Gesunden. Fort mit dir, hörte ich. Hinaus aus der Stadt. Wer mit Aussatz befallen war, und waren es nur seine Kleider, war verdammt, außerhalb der Stadt sein Leben zu fristen. Ausgesondert aus dem Volk, gekennzeichnet durch Gott. Für uns war es aber nicht nur die Angst vor einer abscheulichen Krankheit, die die Glieder befiel. Erst die Haut, dann die Gliedmaßen, verfaulten Menschen vor sich hin. Viel schlimmer als die Krankheit, das hatte Jesus mir einst erzählt, waren unsere Gedanken über jene Menschen. Von Gott bestraft wären sie, sündige, schuldige Menschen. Menschen, die ob ihrer Taten, Handlungen und Worte sich überworfen hätten mit Gott, waren durch die Krankheit bestraft und jedes Mitleides unwürdig. So denken wir Menschen, sagte Jesus, so denkt Gott nicht. Wäre unser Verhältnis zu Gott ohne Angst, wir würden auch die Menschen nicht fürchten, die unserer besonderer Aufmerksamkeit bedürfen. Aber Menschen, die in ständiger Angst leben, sie könnten unrein werden vor Gott oder gar schuldig, beginnen sich zu fürchten und erklären alles, was sie negativ erfahren, zur Strafe Gottes. Aber, Maria, so sprach einst Jesus zu mir, Gott straft die Menschlichkeit nicht. Mein Gott stellt keinen Menschen vor Gericht. Vielmehr ist unser Leben stets gefährdet, weil wir in einer Welt leben, die nicht nur Gesundheit kennt, sondern auch den Schmerz der Krankheit. Das ganze Leben ist ein Werden und Vergehen, ein Wachstum und ein Angefochtensein. Wir leben inmitten eines Kreislaufes der Natur, die Leben und Sterben kennt. Das ist die Normalität des Lebens an sich. Auch des Lebens der Menschen. Jeder Versuch, dem Sterben auszuweichen, heißt, sich selbst etwas vorzumachen. Und Gott zu verhöhnen, der auch das unfertige Leben liebt.

Einst, ich war dabei und kann die Worte Jesu bezeugen, brachte man einen Menschen mit einer verdorrten Hand zu Jesus und fragte ihn, ob er gesündigt habe oder seine Eltern. Manche klagten ihn und seine Familie an, dem Tempel in Jerusalem die Abgaben nicht gegeben zu haben, und Gottes Strafe habe ihn deswegen ereilt: Sollte ich Deiner vergessen, Jerusalem, so verdorre meine Rechte. Ja, auch das gab es, dass in den Köpfen der Menschen nicht allein einzelne Menschen von Gott gerichtet würden, sondern auch ganze Familien. Von Generation zu Generation ging der Fluch Gottes. So grausam dachten Menschen über Gott. Und Jesu Antwort? Keiner habe gesündigt. Allein, dass sie wieder gesund würden, sei der Wert der Krankheit.

Und ich erinnerte mich an die Worte Jesu, die er sprach zu jenem Aussätzigen damals: Ich will, werde rein. Anfangs dachte ich, er würde tatsächlich wie mit Gottes Hand den Menschen befreien von seiner Krankheit. Aber es geschah viel Größeres. Denn das geschieht in Wirklichkeit. Gott leidet mit den Leidenden. Gott straft nicht mit Krankheit. Gott spricht nicht Gericht. Gott handelt in Mitleid, bei allem, was uns widerfährt. Und das war es, was Jesus damals fühlte. Er sagte es mir am Abend, als er sprach: Maria, es war mir weh ums Herz, als ich jene Aussätzigen sah. Es war mir weh ums Herz, spürte auch ich, als ich jenen vor mir sah, verflucht und verspottet von jenen, die ihn umgaben. Und ich tat, was ich tun musste. Ich legte ein Tuch um seine Schultern und nahm ihn mit zu meiner Herberge. Ich verband seinen Aussatz mit heilenden Salben, gab ihm Brot und Wein und sah in seinen Augen, was er fühlte. Die Krankheit konnte ich ihm nicht nehmen. Aber ich gab ihm ein Leben zurück. Er sollte spüren, dass es mitleidende Sorge gibt auch für ihn.

Nicht viel, dachte ich, als ich mich erneut aufmachte zu Helene, Königinmutter von Adiabene. Nicht viel, was ich tun konnte. Und doch so viel für jenen, der Barmherzigkeit empfing. Keiner ist ausgesondert, keiner soll ausgestoßen sein. Auch Menschen mit Leid, und sei es ein Leid, das wir nicht verstehen, bedürfen unserer Aufmerksamkeit und Fürsorge. Und wenn es nur der Gedanke wäre, auch mich könnte einst ein Schicksal ereilen, ersehnte ich mir einen Menschen, der sich meiner erbarmt. Denn das ist das Schlimmste, was man einem Menschen antun kann. Ihn auszuliefern einem Urteil, nicht mehr dazuzugehören. Nein, im Namen Jesu. Damit war Schluss. Und ich erinnerte mich seiner Worte: Die Namen eines jeden Menschen sind eingeschrieben im Himmel bei Gott. Eines jeden Menschen. Das gilt auch für die ausgesetzten Menschen. Vielleicht gilt es in besonderer Weise für sie. Das ist kein Trost, keine Vertröstung. Nicht alles, was uns geschieht, können wir erklären. Oft sind es Krankheiten, die wir nicht verstehen. Aber sie sind niemals Strafe Gottes.

Helene hatte bereits von meiner Begegnung mit dem Aussätzigen gehört. Nichts blieb der Königinmutter verborgen. Und wir sprachen lange über ihn, Jesus, der mich Barmherzigkeit gelehrt hat. Und ich sprach zu Helene, was er mich damals gelehrt hat. Denn es gibt auch keine Belohnung für das Gutsein des Menschen. Und noch mehr. Gott denkt nicht in einem Leistungsprinzip voreinander und vor ihm, unserem Gott. Die Annahme des Menschen als Menschen geschieht absolut, nur weil wir Menschen sind. So groß denkt Gott über den Menschen. Er ist es wert, geliebt

zu werden. Wie die Lilien auf dem Felde. Angenommen nicht, weil sie Nutzen bringen,
sondern allein, weil sie schön sind. Immer, so
sprach ich zu Helene, können wir Menschen
– wie mein früherer Mann Eliezer – Gründe
finden, warum wir ein „unrein" wie ein Kainsmal vor uns hertragen, um Menschen gleichsam vor uns selbst zu warnen. Immer finden
wir Gründe, zuerst andere und manchmal
auch uns selbst klein und unwürdig zu erklären. Schlimmer noch das Urteil von anderen
über uns zu ertragen. Und am schlimmsten,
wenn es ausgesprochen wird im Namen Gottes. Wir Menschen neigen dazu, uns selbst zu
erniedrigen oder selbst zu überhöhen. Das ist
unsere Natur. Es gibt Menschen, die sich klein
fühlen und unfertig oder krank und gebrechlich. Und wie leicht und grausam nehmen
jene ihr Schicksal an und verbleiben gebeugt
und gedrückt vom Urteil anderer oder über
sich selbst. Und wie leicht werden wir überheblich und meinen uns groß, größer als die
anderen, nur weil es das Schicksal gut mit uns
meint. Und beides ist falsch. Menschen werden geboren und reifen ins Leben. Aber keiner darf leben mit der Angst, sein Leben

könnte einer Bestrafung gleichkommen. Und keiner sollte in den Glauben verfallen, er könne sich Gesundheit und Glück verdienen. Gott straft nicht und er belohnt nicht. Gott hält seine Hand über das Leben, so wie es ist. Über jeden einzelnen Menschen.

Warum, so fragte mich Helene, hat er, Jesus, dich mehr geliebt als alle anderen? Und warum erklärte er dir seine Lehre von Gott für dich verständlicher als seinen Jüngern? Weil sie, die Jünger, obwohl sie das Gleiche sahen wie ich, seine Worte zwar hörten wie ich, doch immer nur ihren mächtigen Platz suchten neben ihm im Himmel. Wer würde der Größte sein? Wer würde neben ihm thronen? Und wieder und wieder musste er sie zurechtweisen, sie ermahnen. Weil es um all das nicht ging. Und am wenigsten ging es ihm, Jesus, um sich selber. Er wollte weder sein wie Gott noch sitzen zu seiner Rechten. Er wollte, dass alle verstehen, wer wir Menschen sind vor Gott. Darum allein ging es ihm. Menschen sind, wie sie sind, und manche brauchen immer einen herausgehobenen Platz, um sich groß zu fühlen. Aber auch darum ging es nicht. Niedrig und groß sind keine Kategorien im Denken Jesu oder in seiner Vorstellung von Gott. Angenommen sein, ist ein Gedanke, den er hegte, und Heimat, die er vermitteln wollte. Und uneingeschränkte Zugehörigkeit zu Gott als dem Vater, der alles erschuf.

Eines Tages werde ich nach Jerusalem ziehen, sagte Helene, jenem Gott zu huldigen. Helene, auch darum geht es nicht. Nicht ihm zu huldigen, ist Jesu Zeugnis, sondern zu leben und zu lieben in seinem Namen. Und im Sterben sich zurückzugeben in Gottes Hand. Morgen werde ich zurückkehren nach Damaskus. Aber ich werde dir schreiben, Zeugnis ablegen für ihn, Jesus. Und wir werden uns wiedersehen. Schon bald. Wenn ich meine Geschäfte erledigt habe in Damaskus. Vielleicht muss ich für Tage auch nach Kafarnaum und Magdala.

Und wir nahmen uns in den Arm, küssten einander auf die Stirn zum Zeichen der Zuneigung und Wertschätzung. Ich, Maria, jene aus Damaskus, kehrte heim in das Land meines Mannes Eliezer.

## Vollmacht Jesu

Die Kamele waren gepackt, Seide aus dem
Osten. Sie hatten schon tausende Kilometer
auf den Straßen des Ostens hinter sich. Kara-
wanen, gut bewacht von Reitern und unzäh-
ligen Dienern. Viele Diener waren schon
Wochen zuvor aufgebrochen. Die meisten zu
Fuß. Begleitet von einigen wenigen Wagen
mit Proviant und wenigen bewaffneten Krie-
gern. Ungefähr 25 Kilometer am Tag waren
sie unterwegs, um ein Lager zu erbauen für
die Kamele, beladen mit Seide und Gewürzen.
Es war ein ausgeklügeltes System mit wochen-
langen Vorbereitungen für die Monate, die
eine solche Reise vom Königreich Adiabene
nach Damaskus ausmachte. Und so machte
ich, Maria aus Damaskus, mich auf den Weg.
Und fand so jeden Abend ein Zeltlager vor-
bereitet, das leicht zu verteidigen war, um die
Waren sicher nach Damaskus zu geleiten.
Eine Rast dauerte manchmal eine Nacht,
manchmal auch eine Woche, um den zu Fuß
Reisenden wieder den Vorsprung zu geben,

den sie brauchten. Die Kamele waren schneller, auch die Kutschen mit Waren. Aber es ging nicht um Schnelligkeit. Es ging um Sicherheit.

Auf einer Sänfte getragen, manchmal für Stunden auf dem Pferd reitend, hatte ich viel Zeit nachzudenken auf meiner Reise. Für Helene, die Königinmutter von Adiabene, wollte ich Zeugnis abgeben von Jesus, dem Mann aus Nazaret, dessen Vorstellung von Gott auch mein Leben verändert hat und meinen Blick auf die Menschen.

Einmal, es war in der Stadt Kafarnaum am See Gennesaret, war Jesus zu Gast im Haus des Petrus. Kafarnaum ist nicht besonders groß, aber größer als Nazaret. Stadt der Fischer an der Via Maris gelegen, unweit der Zollstation für Waren nach Caesarea am Meer und nach Damaskus. Die Stadt aus Basaltstein gebaut, die Wege zwischen den Häusern eng. Jeweils eine Sippe bewohnte eine Insula. Wenn viele zusammenkamen, waren es bereits zehn bis zwölf Menschen, die die Wege verstopften. Keine große römische Stadt, aber immer Gedränge. Und besonders, wenn Jesus auftauchte, versuchte man, einen Augenblick seinen Erzählungen zu lauschen. Es waren viele Propheten, die in diesen Tagen vom Herannahen des Reiches Gottes sprachen. Die meisten von ihnen predigten Gericht und das Ende einer Welt, die sich total erneuern sollte. Einige versuchten, durch Fasten und Beten Gott gnädig zu stimmen. Andere meinten, die Besatzer im Land, die Römer, und Verräter aus den eigenen Reihen solle man ermorden, um so Gott ein Einfallstor für Neues zu bereiten.

Jesus war anders. Meist sprach er in Bildern vom kommenden Reich. Ein Sämann ging aufs Feld, um zu säen. Für mich auffällig, mit welcher Ruhe er es tat. Unkraut wuchs neben dem Weizen. Das störte ihn nicht. Und abends sprachen wir darüber. Er, mit seiner Ruhe, ich mit meiner Ungeduld. Aber in meinen Gedanken wird Gott nicht zerstören, sagte er, Jesus, um Neues zu erbauen. Es wird keinen heiligen Krieg geben gegen das, was Menschen erschaffen haben. Gott respektiert das Gewordene, auch das Misslungene. Er, sein Gott wird sich auch nicht durch Fasten und Beten erpressen lassen, schneller zu kommen. Und der Gedanke, dass einige es mehr wert wären als andere, teilzuhaben an seinem Reich, ist falsch. Nein, Gott pflanzt inmitten von Dornen und Unkraut. Aber was pflanzt Gott, fragte ich ihn. Gott pflanzt Gedanken, Maria, Gedanken. Und Gott pflanzt Ideen, Gott pflanzt Träume, manchmal Visionen. Gott pflanzt Gefühle und Leidenschaft. Sie liegen oft verborgen unter deinen Ängsten, fuhr er, Jesus, fort. Oft ist die Sorge um dein Leben größer als die Bereitschaft, es einzusetzen. Und also, so fragte ich, Maria, liegen dieselben Gedanken Gottes, dieselben Gefühle und alle Leidenschaft bei allen Menschen gleichermaßen? So ist es, Maria. Gott spricht alle Sprachen, Gott ist in allen Kulturen. Und Gott steht über aller Religion, die wir kennen. Es ist an uns, seine Gedanken zu entdecken, zu pflegen und zu schützen. Einer seiner Gedanken, Maria, ist der Gedanke der Vergebung der Sünden.

Während er noch redete, brachte man an jenem Tag einen Gelähmten zu ihm, von vier Männern getragen. Die Wege waren verstopft von Zuhörern. Deswegen wählten die vier Männer den Weg über die Dächer. Wo er war, deckten sie das Dach ab und gruben ein Loch hindurch. So senkten sie die Bahre, auf der der Gelähmte lag, hinunter. Ich, Maria, lege Zeugnis darüber ab, was damals geschah. Sie wollten ein Wunder sehen und es geschah so unendlich viel mehr. Leise sprach Jesus mit dem Gelähmten und nur, weil ich in seiner Nähe war, konnte ich es hören. Was drückt dich nieder, sprach Jesus. Was hat dir die Kraft geraubt zu gehen? Was ist dir geschehen? Alles, so antwortete der Gelähmte, alles, was geschieht in meinem Leben, lastet auf meinen Schultern. Jeder Streit, jede Missgunst. Jedes gebrochene Gesetz, jeder Schmerz, den wir einander zufügen, alles, eben alles lastet auf meinen Schultern. So haben wir es gelernt. Erst am Ende wird abgerechnet. Erst am Ende entscheidet das Gericht. Und mir, so flüsterte der Gelähmte, ist die Last zu schwer geworden. Sie erdrückt mich. Anfangs ging ich noch hin zum Tempel, um Opfer zu bringen meinem Gott, er möge mir die Last erleichtern. Doch sie wurde mit den Jahren immer schwerer. Und heute kann ich mich nicht mehr erheben. Die Last ist zu groß geworden. Und Jesus antwortete ihm. Kein Mensch muss sein ganzes Leben tragen. Es gibt ein Ausruhen und es gibt einen Tag, die Lasten abzustreifen. Und es gibt sie, auch für dich, die Vergebung der Sünden. Ja, ich weiß, sprach der Gelähmte, einst am jüngsten Tag. Nein, sprach Jesus, jetzt laut und deutlich vernehmbar. Es gibt die Vergebung der Sünden heute, hier und jetzt, denn Gottes Reich ist mitten unter uns. Es kommt nicht mit Getöse und wirbelt das Alte nicht fort. Das Reich Gottes, auch die Vergebung der Sünden, geschieht jetzt, mitten unter uns. Dass wir einander schuldig werden, das ist unsere Natur. Aber auch, dass wir einander vergeben können, ist ein Gedanke Gottes in uns. Lass ihn wachsen, lass ihn gedeihen. Setz dich in den Schatten der Vergebung und ruhe aus von der verzehrenden Kraft der Hitze, die dich verbrennt. Kein Mensch darf auf sein Versagen festgelegt werden. Jedem Menschen gibt Gott die Möglichkeit zu einem Neubeginn. Immer und jeden Tag.

Und während er noch sprach, dachte ich, Maria, an Nazaret, als er, Jesus, heimkehren wollte in seine Stadt. Aber die Menschen wollten ihn nicht hören, als er sprach. Er sprach: So ist es mit dem Königtum Gottes. Wie wenn ein Mensch den Samen auf die Erde wirft und schläft und aufwacht, nachts und tags. Und der Same sprosst und macht sich lang, wie – er weiß es nicht. Von selbst trägt die Erde Frucht, erst Halm, dann Ähre, dann in der Ähre volles Korn. Und weiter sprach er, Jesus: Womit sollen wir das Königtum Gottes vergleichen oder mit welchem Gleichnis es darlegen? Wie mit einem Senfkorn ist es: Einmal auf die Erde gesät, steigt es auf und wird größer als alle Kräuter und treibt Zweige so groß, dass unter seinem Schatten die Vögel des Himmels nisten können. Und schrien die Seinen, dort in Nazaret: Wo der das herhat? Und: Was ist das schon für eine Weisheit, die dem da gegeben ist? Ist das nicht der Handwerker, der Steinmetz, der Sohn Marias, der Bruder des Jakobus, des Josef und des Judas und des Simon? Und sind seine Schwestern nicht hier bei uns? So nahmen sie Ärgernis an ihm.

Als er fortging aus Nazaret, damals schon sprach er mir davon. Mir, der Maria, die nicht von seiner Seite wich. Leg niemals Gott fest, Maria, auf das, was du zu kennen glaubst. Leg niemals einen Menschen fest auf deine eigenen Erwartungen und Vorstellungen. Meine Familie ist sich sicher, das Reich Gottes komme mit Macht. Sie glauben, sie hätten Anteil an dieser Macht. Sie eifern für diesen Gott und seine Gesetze. Aber dass es auch sanft kommen könnte und wie von selbst und ohne Macht, gleichsam wie ein Teil der Natur sein könnte: Daran zu glauben vermögen sie nicht, auch nicht an die Vergebung der Sünden ohne Opfer. So blieben sie in Nazaret und hatten keinen Anteil an der Vision Jesu und auch nicht an dem Königtum seines Gottes, das wuchs und wuchs und brachte reiche Frucht mitten unter den Menschen.

Und so sprach er, Jesus, auch zu dem Gelähmten. Alles, was dich drückt, wird dir genommen in diesem Augenblick. Alle Last hat ein Ende. Dein Leben beginnt neu. Ich vergebe dir auch deine Schuld und deine Sünden. Sah ihm in die Augen, er, Jesus, dem Gelähmten. Und der vertraute den Worten. Vertraute der Zuversicht, vertraute der Barmherzigkeit Gottes, die von Jesus ausging. Vertraute darauf, dass Gott ihn nicht richten werde. Nicht jetzt und nicht später. Und er, der gelähmt war, stand auf. Und nahm seine Bahre und ging seiner Wege. Es waren befreite Wege, neue Wege, ein neues Leben. Dies,

Maria, geschieht, wenn Menschen einander vergeben im Namen Gottes. Kraft kehrt zurück, Vertrauen kehrt ein und der Mut, neu zu leben. Das ist Gottes Gedanke für dich, für alle Menschen. Gebt Zeugnis für neu gewährtes Leben an jedem neuen Tag zur Vergebung der Sünden.

Und eben dies schrieb ich der Helene, Königinmutter von Adiabene. Schreib Barmherzigkeit in deine Gesetze, schrieb ich. Lege niemals einen Menschen fest auf seinen Stand, seine Herkunft oder seinen Gott. Lass die Menschen sich wandeln im Geist der Liebe. Milde und Güte sei dein Gesetz im Namen des einen Gottes, der uns alle erschuf. Lass keinen Zwist und Krieg zu zwischen deinen Städten und Dörfern in der Vorherrschaft um Macht und deine Gunst. Es soll keine Geringen geben in deinem Reich. Schütze dich vor den Speichelleckern, schaffe die Günstlinge ab und lass Vorräte anlegen an Weizen für den Tag der Versöhnung und des Friedens, der kommen mag. Schwerter werden zu Pflugscharen und Könige werden ihre Knie beugen vor dem einen barmherzigen Gott, der Vergebung bringt wie ein Senfkorn so klein. Und es nisten die Vögel des Himmels in seinem Schatten.

Dies war mein Brief an Helene, Königinmutter von Adiabene. Ich legte mich zur Ruhe an einem jener Abende in der Oase von Singara. Und dachte noch: Eine Königin der Barmherzigkeit. Das wäre ein Anfang.

# Jesu Jünger fasten nicht

Früh am Morgen schaute ich nach meinen Dienern. Schaute, ob die Ware gut verpackt war und die ersten Tage der Reise gut überstanden hatte. Ich kannte sie alle. Menschen aus Judäa und Syrien, Perser und Nabatäer. Freunde aus Adiabene und Damaskus. Die Welt spiegelte sich wider unter den Meinen. Heute würden wir noch nicht weiterreisen. Erst musste das Fest des Aufbruchs gefeiert werden. Bei allen Strapazen und den Gefahren der Reise sollte die Freude immer überwiegen. Das habe ich so gehalten, wie ich es einst von Jesus gelernt hatte. Der Fresser und Säufer.

Auch heute, zwanzig Sommer nach seinem Tod, habe ich mir die Freude an der Gemeinschaft bewahrt. Auch die Leichtigkeit des Lebens ist zurückgekehrt. Die Dämonen sind verschwunden, weil ich ihn lebendig in mir spüre, den Freund. Das war nicht leicht. Der Abschied war voller Schmerzen. Aber ich fand zurück ins Leben. Weil er das Leben liebte, liebte ich meines. Jeden Tag ein wenig neu und mehr nach seinem Tod. Geholfen haben mir die Erfahrungen, die uns gemeinsam geschenkt waren, und die tiefe Sicherheit, dass Vertrauen im Grunde nicht zerstört werden kann bei Menschen, die einander lieben. Und, ja, wir liebten uns. Es war eine innige, zarte, treue, aber auch ernste Liebe. Eine Liebe, die ihre Krisen hatte, aber immer zurückfand zu jener Geborgenheit, die uns eins werden ließ in unserem Glauben an einen Gott, der uns einen wollte. Ich denke noch heute daran, wie frei wir uns fühlten, auch uns fremden Gedanken und Erfahrungen zu lauschen und in unserem Gott zu finden.

So waren wir verlässliche Zeugen auch für den Gott Pan. Gott der Hirten und der Musik. Er vereinte die Verantwortung mit der Lust. Vor allem die Mittagszeit war ihm heilig. So wie uns. In der Hitze des Tages ruhten wir oft aus und sprachen miteinander. Oft auch über die Art und Weise, wie Gottes Reich weiterwachsen würde. Wir wussten, dass viele in Fasten und Gebet versuchen, Gott gnädig zu stimmen. So als könne man Gott milde stimmen oder gnädig. Wir wussten es besser, damals schon. Gott lässt sich durch Gebet und

Opfer nicht beeinflussen. Eigentlich hätten es damals schon alle wissen können. Denn das stand schon in den alten Schriften der Väter. Gott will keine Opfer. Wir, Jesus und ich, versuchten Gott unbestechlich zu denken. Und wurden immer freier in unseren Gedanken. Und was damit einherging, wir wurden auch glücklicher. Denn sich frei und angenommen zu wissen, ist der beste Weg zum Glück. Petrus hat es gespürt und Johannes, auch Matthäus und Judas. Aber sie fanden nicht die Tiefe, in die wir sie führen wollten. Sie genossen den Wein und liebten den Tanz. Auch das ist Leben. Und schon das gelang zum Ärgernis.

Warum fasten deine Jünger nicht, wurde er, Jesus, damals gefragt. Weil sie befreit waren von der Last, Gott bedrängen zu wollen. Aber das war nur das, was wir damals gesehen hatten. Er, Jesus, war davon überzeugt, dass es kein Warten geben muss auf Gott und sein Reich. Es war schon da, mitten unter uns. Und also brauchte es kein banges Warten, keine Angst vor Zusammenbruch und Gericht. Keine Angst vor dem Urteil und Ende. Gottes Reich mitten unter uns.

Also jeder Tag ein Tag der Freude. Ein Tag der Vereinigung mit Gott, ein Geschenk für die Welt, für jeden Menschen. Er war da im Fühlen und Denken und ja, auch in der Musik des Pan. Allüberall war er. Menschen, die dieses Gespür verlieren oder nicht erlangen, geraten in Panik. Solche Menschen müssen immer etwas tun und leisten. Menschen, die der Musik des Pan zu lauschen verstanden, fanden auch zur inneren Ruhe. Und warum sollte man nicht auch so denken dürfen über den Gott, der uns alle meint und vereint. Er, Jesus, tat es. Und ich, Maria, tue es ihm gleich seit vielen Jahren.

Und so bereiteten wir das Fest des Aufbruchs vor. Lämmer wurden geschlachtet und Brot gebacken. Wir kleideten uns und schmückten den Platz vor dem großen Zelt. Am Abend spielte Musik, und ich hörte den Flöten des Pan so gern zu. Wie haben wir getanzt, damals. Meist bis in die Nacht. Heute mit meinen vierzig Wintern tanze ich nicht mehr so häufig. Meist tanze ich allein. Aber ich tanze immer für alle. Mit ganzer Leidenschaft und voller Liebe. Das ist mein Tanz. Es ist der Tanz des Lebens.

Ich kannte die Geschichten, die sich rankten um Pan und Syrinx. Zwei Götter, die sich liebten und sich doch niemals vereinigten. Gleichsam zum Schilfrohr verwünscht, lag sie in seinen Armen. Und er, Pan, formte aus den Schilfrohren ein Instrument. Der Wind streichelte das Rohr, und sie war geboren, die Panflöte, seine Syrinx. Und fortan wurde sie zum Instrument der Sehnsucht und zum Zeichen der Liebe, die in jedem Lied bei ihm sein würde, seine Syrinx, in jeder Melodie, in jedem Ton. Sie war nicht einfach romantisch oder allein erotisch. Das war die Liebe auch und zärtlich. Aber sie war auch der Grund, Leid zu ertragen und einen Menschen durch Zeiten des Schmerzes zu geleiten. Wie hätte ich Jesu Tod je ertragen können ohne das Vertrauen, dass das Leben niemals sterben kann. In mir ist er nie gestorben. Ich spüre ihn, ich spüre seine Hände, ich kann mich an jedes seiner Worte erinnern, so als spräche er sie heute durch mich. Und vielleicht ist das das Geheimnis, das er mir anvertraute. Ich kann denken wie er, ich kann fühlen wie er, ich kann handeln wie er. Das muss er gemeint haben, als er einst sprach zu mir und seinen

Jüngern: Ich und der Vater sind eins. Wie er mich gesandt hat, so sende ich euch. Es gab in seinen Gedanken keinen Unterschied. Wir waren alle fähig zu lieben, wie er geliebt hat. Vielleicht durfte ich es in besonderer Weise spüren, weil er mich liebte. Petrus sagte immer, mehr als alle anderen. Anders als alle anderen, dachte ich, nicht mehr oder weniger. Ich bin so dankbar um die wenigen Monde, die wir gemeinsam verbringen durften. Er nahm mich, wie ich war. Eine junge Witwe mit ihrer Trauer um einen Mann, den sie kaum kannte. Sieben Dämonen musste er austreiben. Oder besser: in seiner Nähe wandelte sich das Dämonische in mir zu Vertrauen, Demut, Erkenntnis, Barmherzigkeit, Leidenschaft und zu der Gabe zu dienen. Aus einem verstörten Mädchen, das weder wusste, was eine Frau ausmacht, noch welchen Wert das Leben hat, wurde eine leidenschaftliche erwachsene Partnerin des größten Menschen, den ich je kannte. Groß, weil er so groß dachte von Gott und also uns allen, auch mir, die Größe des Lebens zu leben vorlebte.

Ganz besonders bei seinem Abschied. Es war der Tag, an dem er die Priester im Tempel zu Jerusalem angegriffen hatte. Weil sie den Gedanken an Gott missbrauchten. Opfer verlangten sie, wo der Gott Jesu Barmherzigkeit geschenkt hätte. Mit Gericht drohten sie, wo Jesus im Namen Gottes Vertrauen predigte. Und Abgaben verlangten sie, wo er zu dienen bereit war. In jener Nacht, in der er verraten wurde, sah ich ihn weinen. Jesus weinte über seine Stadt Jerusalem, über uns, seine Freunde. Er weinte auch aus Angst, die er verspürte. Es war das letzte Mal, dass ich ihn im Arm hielt. Ich fühlte seine Tränen, spürte das Zittern seiner Hände und den unendlichen Schmerz, nicht verstanden worden zu sein. Ein barmherziger Gott für alle Menschen. Dazu waren die Menschen noch nicht bereit. Jeder folgte seinem Götzen, verteidigte seine Ängste. Und so standen sich auch die Götter gegenüber. Die Götter aus Babylon, die Götter Ägyptens, die Götter aus Griechenland und Rom. Und jene Götter aus den Bergen Judäas und Samarias. Eine Olympiade der Götter im besten Fall. Oder ein Schlachtfeld? Manche tolerierten einander. Aber das war im besten Fall nur ein Nebeneinander eifersüchtiger Kreaturen, meist der Fantasie ihrer Völker entsprungen oder der Zeit und den Orten geschuldeter Tradition. Sein Gott ist unendlich mehr, größer, barmherziger und gerecht. Was ihn so groß macht? Er kennt unser aller Namen. Und jeden Einzelnen hat er geschrieben in den Himmeln, noch bevor wir unseren ersten Atemzug taten auf dieser Welt. Und noch im Augenblick des Sterbens legt er seine schützende Hand über uns, und seine Engel geleiten uns in die Ewigkeit, die niemanden verloren gibt.

Heute also hielten wir das Mahl des Aufbruchs. Ich weiß, dass Petrus es das Herrenmahl nennt und Paulus es zum Beginn der Auferstehung erklärte. Für mich war es immer das Mahl des Aufbruchs. Denn das spürte ich am letzten Abend, als ich bei ihm war. Das war ihm wichtiger als alles. Wir sollten aufbrechen, es ihm gleich zu tun. Das war es, was er unter Nachfolge verstand. Nicht Anbetung oder Verehrung. Wir sollten handeln wie er, aus den gleichen Motiven wie er. Und so begann das Mahl, indem er einem jeden die Füße wusch. Es war das Mahl des Dienens vor allem anderen und vor allen anderen. Und so habe ich es gehalten bis heute. Alle meine Freunde und Diener wussten es. Kein Fest würde beginnen, ohne dass ich einen Dienst für sie vollzog. So ging ich durch unser Lager, schaute nach den Kranken, versuchte Trost zu sprechen, Menschen, die Leid erlitten hatten. Keiner sollte hungern, keiner darben. Wir waren eine Gemeinschaft, die, obwohl jeder seinen Stand und Aufgabe hatte, aufeinander achten würde.

Bis heute hat es sich bewährt, weil es uns erinnert an ihn, den Mann aus Nazaret, dem es im Namen Gottes vor allem darum ging, dass Menschen einander zum Heil würden. Und auch das tun wir. Wir brechen das Brot füreinander und trinken und tanzen uns in den Rausch gemeinsamen Vertrauens. Das hat uns Dionysos geschenkt. Den erlebte Jesus bereits in seiner Jugend. In Sepphoris, jener Stadt, Hauptstadt von Galiläa, in deren Schatten das kleine Kaff Nazaret liegt. In Sepphoris wurde er verehrt, dort stand sein Theater, ihm, Dionysos, geweiht. Auch später noch, als Jesus mit seinen Jüngern Mahl hielt, erinnerte er sich an die Symposien des Dionysos. Er erinnerte sich daran, wie er als Fresser und Säufer beschimpft wurde. Er lachte darüber. Und er ließ den Becher kreisen bis zur Ekstase, bis sich die Welt und die Ewigkeit wie im Rausch vereinte. Um Gemeinschaft ging es ihm, Jesus, immer. Und, dass niemand verloren geht auf seinem Weg.

Ich werde Helene, Königinmutter von Adiabene, schreiben, dass das Leben nicht nur Pflichterfüllung sein darf und das Erfüllen von Gesetzen und Geboten unserer Götter. Diese sind meist gemacht von Priestern oder Königen, um ihr Volk zu regieren. Freiheit heißt das Gesetz des Lebens und eine Liebe, die auch den Schmerz trägt im Angesicht des Todes. Wir Menschen sind auch Geschöpfe der Freude. Und das Joch des Lebens kann leicht sein, wenn es gemeinsam getragen wird. Das erste Mahl entscheidet über jeden Aufbruch. Erst wenn ein jeder satt ist und geheilt vom Kummer des Augenblicks, wird es ein gemeinsamer Weg sein. Ich wusste, dass Helene meine Nachricht erhalten würde, wenn ich schon fast in Damaskus wäre. Ich grüße dich aus ganzem Herzen, Helene, so schrieb ich, im Namen meines Freundes Jesus, von dem ich dir morgen wieder berichten werde. Sehr gerne.

# Heilung an einem Sabbat

Die Nachricht, die ich erhielt, machte mir Sorgen. Eine große Hungersnot sei ausgebrochen in Jerusalem. War es eine Belagerung, eine Dürre? Waren die Handelswege blockiert? War etwa Krieg ausgebrochen? Ich wusste es nicht. Zu lange war ich unterwegs und zu weit entfernt. Wir machten kaum mehr Rast, und in wenigen Wochen sollten wir Damaskus erreichen. Dort würden Nachrichten aus Galiläa und Jerusalem vorliegen, da war ich mir sicher.

Es war Sabbat, aber ich ließ die Karawane nicht anhalten. Meine Diener, jene, die schon meinem Mann dienten, murrten, das spürte ich und sah es ihren Gesichtern an. Der Sabbat war der Tag, ihrem Gott zu huldigen. Und es war einst der Tag der Befreiung beim Auszug aus Ägypten, erkämpft von unseren Vätern und Müttern. Ein Tag der Freiheit mitten in der Knechtschaft Ägyptens. Immer wieder müssen wir in unseren Köpfen aufräumen. Meine Gedanken waren bei ihm, Jesus. Hat ihm das Aufräumen der Gedanken Mühe ge-

macht? Oh, ja, er hat es oft erzählt, wie mühe-
voll es ist, einmal Gelerntes wieder zu hinter-
fragen. Auch er selbst musste lernen, immer
wieder neu. War, was er gelernt hatte, allein
für sein Volk gedacht? Anfangs schien es ihm
so. War der eine Gott, von dem er träumte, der
Gott Israels, im Tempel zu Jerusalem? Das war
nicht die Vision, die ihm bei seiner Taufe geschenkt wurde. Sie war größer. Geschenkt in
einem Blitz, aber zu verstehen dauerte lange
Zeit.

Für ihn war das Gebiet der Zehnstädte am
jenseitigen Ufer von Gennesaret oft Fluchtort,
um auszuruhen von den Tagen in Kafarnaum.
Dort gab es keine Eiferer, keine Frommen.
Aber was unterschied die Menschen von hier
und dort? Lange war es für ihn eine Frage der
Zuständigkeit. Wo Gott nicht zuständig ist,
muss der Mensch nicht handeln. Für mich,
Maria, war es erhebend, dass Jesus fast alles,
was er lernen durfte, von Frauen lernte. So
auch damals bei der Begegnung mit einer Frau
bei der Stadt Tyrus. Und als er in ein Haus
gekommen war, wollte er es niemand erfahren lassen. Doch es konnte nicht verborgen
bleiben – nein, gleich hörte eine Frau von ihm,

deren Tochter einen unreinen Geist hatte. Sie kam und fiel ihm zu Füßen. Die Frau war aber Griechin, keine Israelitin. Und sie versperrte ihm den Weg und bat ihn, dass er den Abergeist aus ihrer Tochter austreibe. Er sagte zu ihr: Was habe ich mit dir zu schaffen, Weib. Lass erst die Kinder Israels satt werden! Es ist ja nicht recht, das Brot den Kindern wegzunehmen und den Hündlein hinzuwerfen. Sie aber entgegnete ihm und sagte: Ja, doch, Herr! Aber auch die Hündlein unterm Tisch essen von den Bröseln der Kinder. Noch bevor er, Jesus, es selbst begriffen hatte, hatte jene Frau seinen Gott besser verstanden als er selbst. Wer von einem Gott redet für alle Menschen, der kennt menschliche Grenzen nicht. Die Liebe kennt keine Grenzen. Und es darf keine Grenzen geben, die Menschen voneinander trennen, weder im Glauben noch im Leben. Während er noch vertraute, dass sein Gott allein der Gott der Kinder Israels sei, hatte sie, die Griechin, längst verstanden, dass vor Gott Menschen Menschen sind, egal, woher sie stammen, und gleichgültig, unter welcher Herrschaft sie stehen. Sie nahm die Demütigung Jesu, der sie als Hund beschimpfte, gleichsam um ihm zu demonstrieren, wie er sich selbst frei machen musste in seinen Gedanken, um größer zu denken. Was vom Tisch der Israeliten fällt, würde selbst von den Hunden aufgenommen. Jetzt war es soweit, jetzt hatte er seinen Gott verstanden.

Und wieder geht es um Vertrauen. Wie vieler Begegnungen hatte es bedurft, bis er Jesus, erkannt hatte, dass seine Grenzüberschreitungen keine Grenzüberschreitungen waren, sondern die besondere Herausforderung, die es einzugehen gilt, wenn man den Gedanken an den einen Gott für alle Menschen auch wirklich leben möchte. Da war die Frau aus Samaria. Die meisten Judäer mieden das Gebiet, weil die Samaritaner behaupteten, Opfer für den Gott Israels seien nur auf ihrem Berg Garizim erlaubt. So stehe es in den Schriften Mose, die auch die Judäer verehren. Er aber überschritt die Grenze. Mehr noch, zur Mittagszeit fand er sich am Brunnen des Erzvaters Jakob ein, sprach mit einer Frau, was vollkommen unmöglich schien in seiner Welt, bis beide Vertrauen zueinander fanden. Und wie selbstverständlich war es ihm möglich, den Diener jenes römischen Hauptmanns zu heilen. Ein Mensch braucht einen Menschen. So einfach ist es und so schwer zu leben, gegen alle Tradition der Abgrenzung.

Und es geschah, dass er am Sabbat durch die Kornfelder dahinging. Und seine Freunde fingen an, im Gehen die Ähren zu rupfen. Da sagten die Frommen zu ihm: Sieh doch! Warum tun sie am Sabbat, was nicht erlaubt ist? Und er sagte zu ihnen: Habt ihr niemals gelesen, was David tat, als er etwas brauchte und hungrig war, er und seine Gefährten. Wie er unter dem Hohenpriester Abjatar in den Tempel ging und die für Gott bestimmten Brote aß, die nur die Priester essen dürfen, und auch seinen Gefährten davon gab? Und er sagte zu ihnen: Der Sabbat ist gemacht um des Menschen willen, nicht der Mensch um des Sabbats willen. Fortan heilte er, Jesus, auch am Sabbat. Der Mensch mit der verdorrten Hand wurde heil, weil er des Heiles bedürftig war. Und er, Jesus, trank aus unreinen Gefäßen, nahm sein Mahl aus unreinen Gefäßen. Das tat er, um ihnen die Augen zu öffnen. Was der Mensch zum Leben braucht, darum geht es. Um nichts anderes. Der Sabbat ist wichtig, dachte ich. Aber was ist, wenn Hunger wütet in Jerusalem? Da soll ich meine Reise unterbrechen und Gebete lesen? Die Reise wird mein Gebet sein. Die Waren zu tauschen in Damaskus, wird mein Psalmgebet sein inmitten der Not.

Und also schrieb ich an Helene, Königinmutter von Adiabene. Menschen sterben in Jerusalem, Helene, meine Königin, meine Freundin. Ich weiß nicht, wer diese Not hervorgebracht hat. Ich weiß nur eins: Hunger ist nicht die Strafe Gottes für seine Kinder. Der Gott Jesu hungert eher mit den Leidenden. Menschen leiden und rufen die Könige dieser Welt, sie mögen sich aufmachen nach Jerusalem, ihnen in Not beizustehen. Du fragtest, Helene, nach dem Lehrer aus Nazaret und seinem Gott. Sein Gott kennt die Grenzen der Königreiche nicht. Sein Gott straft nicht, sein Gott will Barmherzigkeit. Es ist sein Gott, der die Könige ruft in die Heilige Stadt Jerusalem. Freiheit ist sein Ruf, Vertrauen und Sehnsucht seine Predigt, dass Menschen Menschen beistehen mögen, weil sie alle Kinder sind, Kinder des einen Gottes. Heute herrscht Hunger in der Stadt Zion. Mach sie zu deiner Stadt, schick Wagen und Brot, Getreide und Wein, lass dich erbarmen wie er, Jesus, sich erbarmen ließ von jeder Not.

Nimm die Nachricht, sagte ich meinem besten Kundschafter und Reiter. Nimm Brot und Wasser, nimm die schnellsten Pferde und reite zu Helene, Königinmutter von Adiabene. Verneige dich vor ihr, denn sie ist eine Königin. Weine die bitteren Tränen der Not und berichte mir, ob sie sich erbarmen ließ. Ich aber werde in Damaskus auf dich warten. Und so ritt er gen Osten, und ich werde schauen gen Osten an jedem Tag. Denn die Verheißung sagt, aus dem Osten käme Rettung für das Volk. Ob es die Königin ist aus Adiabene? Eine Frau, wo alle den Messias wähnten als Mann. Ich kann nur vertrauen. Also sende ich in meinen Gebeten zu Gott eben dies, mein Vertrauen in die Botschaft Jesu, der so lange schon gestorben ist. Er glaubte an den einen Gott, der die Not der Menschen zu lindern in der Lage ist, weil er das Vertrauen und das Erbarmen einpflanzte in die Herzen aller Menschen.

In Damaskus angekommen, entließ ich die Reiter, die uns bewacht hatten, ordnete mit meinen Dienern die Waren und machte sie bereit für den Markt. Damaskus schien mir wie das Paradies nach der mondelangen Reise. Hier gab es keine Entbehrung. Hier flossen die Quellen im Überfluss. Hier wuchsen Palmen, die Schatten gaben, und Datteln gab es und Tanz und Gesang. Der Markt quoll über von den Reichtümern des Ostens. Aus Caesarea am Meer und aus Tyrus kamen die Händler, brachten den Tausch der Märkte, die gen Westen gingen. Der Markt in Damaskus roch nach Gewürzen. Die Gewürze Indiens, Arabiens und Chinas. Tücher aus feinster Seide. Schmuck aus Persien. Und Brot, dachte ich. Ich will alles verkaufen, um Getreide und Feigen zu kaufen für die Menschen in Jerusalem, die Hunger leiden in diesen Tagen. Brot für Jerusalem. Das war mein Gedanke. Das muss er gemeint haben, er, Jesus, damals, als er Abschied nahm. Nehmt das Brot und brecht es füreinander. Dies ist mein Leib. Hingegeben für das Leben der Vielen. Es war immer das geteilte Brot, das er meinte. Es war immer das Leid, das er sah. Das war immer sein Gedanke: zu heilen, was verwundet ist. Jerusalem ist verwundet in diesen Tagen. Also lasst uns gehen in die Heilige Stadt Jerusalem.

# Fünf Brote und zwei Fische

Die Waren waren in wenigen Wochen verkauft oder getauscht gegen Getreide und Feigen. Die Kamele beladen, machte ich mich auf mit den Meinen gen Jerusalem. Wir gingen große Teile der alten Königsstraße. Es war der Weg, den schon seit Tausenden von Jahren die Händler zogen, um am Rande der Wüste das südliche Meer zu erreichen. Der Weg führte über Bostra und Rabbah. Dort bogen wir ab in Richtung der untergehenden Sonne, hinab ins Jordantal, und machten Rast in Jericho. Von hier aus war es noch eine Tagesreise hinauf nach Jerusalem.

Ich hatte die Kamele aus Damaskus bei mir, alle, die da waren, beladen mit Getreide, Brot zu backen für die Hungerleidenden in Jerusalem. So viele und doch so wenige, dachte ich. Den Hunger zu stillen für ganz Jerusalem, waren es zu wenige, das wusste ich. Aber mein Vertrauen war groß. Wie einst, als in Jesu Händen lagen fünf Brote und zwei Fische und er machte satt Tausende Männer mit ihren

Frauen und Kindern. Er hatte sie gelehrt am
Ufer des Sees. Den ganzen Tag über lauschte
die Menge seinen Worten. Meist in Bildern
sprach er zu ihnen: Der Sämann zog hinaus,
um zu säen. Und beim Säen geschah es: Das
eine Korn fiel an den Weg nebenhin. Und die
Vögel kamen und fraßen es weg. Und anderes
fiel auf den felsigen Grund, wo es nicht viel
Erde hatte. Und gleich schoss es herauf, weil
es keine Tiefe in der Erde hatte. Doch als die
Sonne aufging, ward es verbrannt und verdorrte, weil es keine Wurzel hatte. Und anderes fiel unter die Disteln, und die Disteln stie-
gen auf und erstickten es. Und Frucht gab es
keine. Und anderes fiel auf die rechte Erde
und gab Frucht. Es stieg auf und mehrte sich
und trug dreißigfach, ja sechzig- und hundert-
fach. Und er sagte: Wer Ohren hat, die hörend
sind, höre! So und ähnlich sprach er vom
Reich Gottes. So verschwenderisch geht Gott
mit seinen Gaben um. Ausgeschüttet über alles, was da ist. Und da sind die Vögel, die die
Saat rauben, der verdorrte Boden in den Herzen der Menschen, der Distelwuchs der Gedanken, die kein Leben zulassen. Da ist die
Flüchtigkeit des Lebens, das keine Wurzeln

bilden kann in der alles vertrocknenden Glut der Sonne. Und nur in den Herzen der Wenigen gedeiht ein Gedanke Gottes. Wird zum Baum, der Früchte trägt. Das genügt ihm, unserem Gott. Und als es Abend geworden war, bat er seine Jünger, sie mögen der Menge Brot geben, damit sie nicht Hunger leiden. Aber sie vermochten es nicht. Fast drei Sommer waren sie mit ihm, Jesus, unterwegs und vermochten es nicht, seine Gedanken zu verstehen. Mir war sofort klar, was er dachte in dem Augenblick, als sie ihm fünf Brote und zwei Fische darboten. Für sie war es ein Zeichen der Schwäche, ein Vermächtnis des Scheiterns in ihren Händen. Und sie suchten sich zu rechtfertigen. Schick sie weg, sagten die Jünger. Lass sie nach Hause gehen, sich selbst zu versorgen, schick sie in die Dörfer. Ich aber, Maria aus Damaskus, bewahre in meinem Herzen bis heute, was damals geschah. Er, Jesus, nahm die fünf Brote und zwei Fische und hob sie gen Himmel. Leise sprach er, was für immer in meinem Herzen lebendig blieb: Herr, mein Gott, du barmherziger Gott aller Menschen. Ich halte in meinen Händen fünf Brote und zwei Fische. Es ist zu wenig für Tausende

Männer mit ihren Frauen und Kindern. Es kann sie nicht satt machen.

Aber ist es nicht immer zu wenig, was wir Menschen zu geben haben? Wir bleiben einander Zeit schuldig, die wir füreinander nicht aufbringen können. Wir spenden zu wenig Trost. Haben zu wenig Vertrauen zueinander und in Gott, der unsere Namen kennt. Wir können alles, was wir leben und erleben, als Mangel beschreiben. Dann aber schwindet auch der Mut zu leben. Dann schwindet die Zuversicht. Dann wird das Leben zum Kampf ums Überleben. Er, Jesus, lehrte es uns anders. Und ich höre seine Stimme, ich Maria aus Damaskus, gebe Zeugnis: Herr, segne das Wenige. Schau, was wir zu geben in der Lage sind. Es ist nur wenig. Und doch ist es alles, was wir haben. Leg deinen Segen über unser bisschen Mut. Segne die wenige Zeit. Segne unsere wenigen Worte des Trostes füreinander. Herr, mein Gott, segne das Wenige. Und er teilte das Wenige aus und es blieben Körbe übrig. Das wirkt der Segen Gottes über fünf Brote und zwei Fische.

Heute stehe also ich, Maria aus Damaskus, einen Tagesmarsch vor der Hunger leidenden

Stadt Jerusalem. Und auch mein Getreide wird nicht genügen. Ich habe die Stadt seit zwanzig Wintern nicht mehr betreten. Seit jenem Abschied von Jesus, nachdem er gestorben war und mein Freund Stephanus totgeprügelt wurde, während die Freunde begannen, ihn zu verraten und um sein Vermächtnis zu streiten. Mich interessierten diese Fragen nicht. Auch nicht Rang und Stellung unter den Jüngern. Am Streit um die Vormacht wollte ich mich nicht beteiligen. Das waren nicht meine Fragen. Auch die Frage der Auferstehung wurde mir erst viele Jahre nach seinem Tod zum Thema. Meine Fragen waren, ob wir begreifen, wie sehr wir füreinander verantwortlich sind, wenn nur ein Gott mit uns ist. Ob wir Menschen einander die Hände auflegen, wie er es gemacht hat. Nicht um Macht zu übertragen, sondern um zu heilen, was verwundet ist. Mir blieb die Frage im Herzen, ob wir Menschen genügend Vertrauen aufbringen würden in einen barmherzigen Gott, der uns nur sein Wort gab, und in seinen Sohn, der mit uns lebte, was wir alle sein dürfen. Ich jedenfalls habe mich immer so empfunden. Als seine Gefährtin, als seine Freundin, als seine Schwester.

Und ich dachte an so viele Augenblicke in den Jahren, da die Jünger ihr Vertrauen nicht aufzubringen in der Lage waren. Damals, als wir gemeinsam auf dem See Gennesaret fuhren. Und ein gewaltiger Sturm kam auf und die Wogen schlugen ins Boot, dass schon das Boot sich füllte. Er aber war im Heck und schlief auf dem Kopfkissen. Und sie weckten ihn und sagten zu ihm: Lehrer, kümmert es dich nicht, dass wir zugrunde gehen? Und er richtete sich auf, herrschte den Wind an und sprach zum See: Schweig, verstumme! Und der Wind erlahmte und es ward große Stille. Und zu ihnen sprach er: Wie feig ihr seid! Immer noch habt ihr kein Vertrauen! Mein Herz wurde eng, und es befiel mich große Traurigkeit.

Manchmal war mir, als wären jene, die ihn, Jesus, kannten, wie ich ihn kannte, damals mit mir gen Osten gegangen. Zu bewahren, was er uns geschenkt hatte. Und sein Gott lebt. Er ist so lebendig unter uns bis heute. Als wäre er mitten unter uns, und so brachten wir das Getreide hinauf nach Jerusalem. Schon von Weitem sahen wir die schwarzen Wolken, die aufstiegen über dem Tempel zu Jerusalem. Wir kamen näher, und der Gestank von verbrennenden Tieren ätzte in unseren Nasen. Das Volk hungerte, und doch verbrannten sie Opfertiere am Tempel. So konnten die Priester sein. Es stank buchstäblich zum Himmel. Wir kamen von Osten in die Stadt. Durchschritten die Ölhaine auf jenem Berg, die in diesem Jahr keine Früchte trugen. Wir teilten den Weizen und wussten, er würde nicht reichen. Die Not war zu groß.

# Blind, taub, stumm, lahm – und heil

Es war am Abend. Wir lagerten unweit der Stadt Jerusalem. Alles in mir wehrte sich dagegen, in diese Stadt zurückzukehren. Für mich war es immer noch die Stadt, in der mir mein Freund genommen wurde. Hier wurde er angeklagt, hier wurde er gekreuzigt. Hier starb er. Pilatus, der ihn damals verurteilte, war vor einigen Jahren in Rom selbst ermordet worden. Eine Strafe Gottes? Es tröstete mich nicht. Ich fand auch keinen Trost darin, dass viele, die Jesus folgten, längst nach Pella und Syrien ausgewandert waren und sich in Sicherheit befanden. Ich hörte von Petrus und Paulus, die außerhalb des Landes gereist waren, zu den Brüdern und Schwestern, die sich längst in den großen Städten an den Ufern des römischen Meeres angesiedelt hatten, um Geld zu sammeln für die Heiligen in Jerusalem, die Hunger litten wie alle, die dort lebten.

Ein Gerücht hielt sich und drang auch bis in mein Zelt: Es sei eine Strafe Gottes über sein Volk, die Not, der Hunger. Und ich erinnerte mich an ein Gespräch mit Jesus. Nichts ist Strafe Gottes, sagte er damals. Lass es dir, Maria, nie mehr einreden, Gott würde strafen. Und ich erinnerte mich, wie er erzählte über den offenen Himmel bei seiner Taufe und seinen Eifer für die frohe Botschaft, dass es kein Gottesgericht gibt. Niemals. Für niemand. Bis zu meiner Taufe, so erklärte er es mir damals erneut, dachte ich das auch. Und Johannes sprach vom großen Gericht, das kommen würde. Aber ich sah den Himmel offen bei meiner Taufe. Wir sprachen oft darüber, wie diese Vision sein Leben verändert hat. Ein offener Himmel, welche Vision. Die Zugehörigkeit zu Gott war nicht abhängig von unseren Leistungen. Sie war grundsätzlich da. Weil wir Menschen sind, liebt uns unser Gott mit allen Fehlern, die wir haben. So groß durften wir von Gott denken. Niemand vor uns dachte so groß von Gott. Und alle Menschen waren gerufen, heil zu werden, wo immer sie litten in ihrem Menschsein.

Die Begegnungen ähnelten einander. Das Motiv Jesu war immer gleich: Wer von Gott geliebt ist, hat auch das Recht auf größtmögliche Fürsorge und nach bestem menschlichem

Ermessen ein Recht, geheilt zu werden. Von allem Anfang an setzte Jesus dabei auf Jüngerschaft. Ihm war bewusst, dass viel zu viele Menschen unter ihrem Dasein litten, weil sie im Stich gelassen wurden. Nicht nur die Aussätzigen wurden gemieden, sondern auch die Blinden, die Tauben, die Lahmen. Und auch die Stummen hatten keinen Anteil mehr an der Gemeinschaft der Gesunden. Ich habe es mich nie getraut, dachte ich, einen Blinden zu heilen. Aber über zwanzig Winter, seit dem Tod Jesu, habe ich darüber nachgedacht. Als er uns aussandte zu heilen, was verwundet ist, sprach er uns auch die Fähigkeit zu, es zu können, nicht nur es zu versuchen. Vielleicht bewege ich es nochmals in meinem Herzen, dachte ich. Da war einer blind. Vielleicht blind vor Sorge? Vielleicht hatte er so viele Probleme, dass er nicht mehr wusste, was er zuerst anschauen sollte. Vielleicht war es eine innere Abwehr, das Elend um ihn herum buchstäblich nicht mehr sehen zu wollen, und also eines Tages auch nichts mehr sah? Ich erinnere mich noch genau. Jesus, damals, nahm einen solchen Menschen zur Seite, führte ihn heraus aus den Orten seines Elendes. Und vielleicht ist das immer der erste Schritt zum Heil. Den Ort und die Menschen zu verlassen, in deren Umgebung ich blind geworden bin. Meist nahm er Spucke und berührte einen Blinden so intim, so zärtlich, vielleicht war es auch bitter, an seinen blinden Stellen berührt zu werden.

Ich erinnere mich, wie lange es gedauert hat, bis die sieben Dämonen aus mir ausfuhren. Es hat Monde gebraucht, bis ich zu Jesus Vertrauen gefunden habe. Monde, bis ich mich öffnen konnte. Und das war eines seiner großen Worte, die er benutze: Effata, öffne dich! So oft ist es der Beginn des Heils. Du musst dich öffnen für deinen Schmerz, deine Angst muss Namen bekommen. Also: Was hat dich blind gemacht, was hat dir die Stimme verschlagen, was machte dich taub, warum hältst du dir die Ohren zu, was drückt dich zu Boden und lässt dich nicht mehr fortkommen? Das ist so entscheidend. Alles, was uns das Leben raubt, braucht zunächst einen Namen. Es ist niemals abstrakt, was uns niederstreckt, niemals Gott und niemals Schuld. Meist sind es Taten und Worte von Menschen, die uns erstarren lassen, oder Ereignisse der

Natur, die uns die Heimat in uns rauben. Gib deinen Ängsten Namen, das hat er damals zu mir gesagt. Und als ich die Ängste aussprechen konnte, die Hoffnungslosigkeit und die Tränen, hatte ich die Chance auf Wandlung. Nicht immer gleich und sofort, aber mit ihm, Jesus, an meiner Seite gelang es. Und ich sah ihn damals und in meiner lebendigen Erinnerung ist er heute noch bei mir. Ich sah ihn Blinden die Hand auflegen, ich sah, wie er einem Stummen die Lippen berührte. Ich sah ihn seine Hände legen auf die tauben Ohren und sah seine Hand, wie er die Lahmen aufrichtete.

Und ich wusste, wie ich morgen nach Jerusalem gehen würde. Es würde nicht reichen, Menschen Brot zu geben und Wasser und Wein. Es würde nicht genügen, sie zu kleiden. Es wird darauf ankommen, ob sie von ihren Ängsten reden können und sie das Gefühl haben, gehört zu werden. Sie müssen ihre Kraftlosigkeit benennen dürfen. Und sie müssen sich nicht schämen, dass der Hunger ihnen die Sprache genommen hat. Hoffnung muss mit dem Brot einhergehen. Und vielleicht das Wichtigste: Ich werde die Menschen aufrichten müssen, dass sie sich nicht ausgeliefert fühlen ihrem Gott. Ich muss ihnen zur Seite stehen und ihnen ins Herz flüstern, dass auch Gott in dieser schweren Stunde an ihrer Seite ist. Mehr noch, wir müssen inmitten des Hungers Zeichen der Anwesenheit Gottes aufspüren. Der Gott, der für alle Menschen da ist, ist auch da im Hunger. Und Jesu Predigt darf nicht Vertröstung sein. Und also werde auch ich sprechen: Selig die Hungernden, denn sie werden satt werden. Ich werde nicht einfach Körbe voller Brot austeilen lassen. Ich möchte auch ihre Geschichte hören. Ich möchte mich nicht einfach als Geberin der Gaben zeigen. Ich möchte spürbar werden für die Menschen als diejenige, die ihn, Jesus, einst selbst spüren durfte. Ich komme als Freundin und Schwester der Menschen.

Boten kamen noch in der Nacht. Die Feuer zwischen den Zelten brannten noch, und ich war noch wach, als ich die Nachricht vernahm. Der ganze Hof der Helene, Königinmutter von Adiabene, war auf dem Weg und machte schon Rast in Damaskus. Hunderte Kamele. Der gesamte Hofstaat, Krieger und Tänzerinnen, Schreiber und Diener, Köche und Hirten,

Herden von Schafen und Ziegen. Wagen voller Getreide. Und der Bote überreichte mir eine Nachricht der Helene. Sie schrieb: Maria aus Damaskus. Schon einmal war ich in Jerusalem und sah den Tempel eures Gottes als den größten und herrlichsten der Welt. Ich sah eure Ordnung und die Frömmigkeit eures Volkes. Schon damals ließ ich einen Sommersitz bauen unter euch, als Palast der Könige von Adiabene in Jerusalem. Damals hoffte ich, meinen Sohn zu verheiraten und unsere Völker noch näher zu verbinden. Aber heute komme ich nach Jerusalem zurück, weil du mich gerufen hast. Deine Worte habe ich in meinem Herzen bewegt und Vertrauen gefunden, dass Gott der barmherzige Gott aller Menschen ist. Ob es der Gott Israels ist oder ein Größerer, das kann auch eine Königin nicht sagen. Aber dass der eine liebende Gott die Menschen ruft, Menschen beizustehen in ihrer Not, das hat mein Herz berührt. Ich komme als Königin in das Land, in dem Menschen vertrauen, dass der Name eines jeden Menschen eingeschrieben ist bei Gott. Ich komme, weil die Kinder dieses Gottes Hunger leiden und mein Herz sich erbarmt bei dem

Gedanken, es ihm, Jesus, gleich zu tun. Er mag tot sein in den Augen der Welt. Er ist lebendig, wo immer wir die Not der Menschen lindern, ihnen Brot geben, ihnen die Hände auflegen und ihnen Hoffnung schenken, wo sie nur Tränen haben. Ich, Helene, Königinmutter von Adiabene, werde kommen, mich niederzuknien vor deinem Gott, den du bezeugt hast im Namen Jesu aus Nazaret. Von dem ich vertraue, dass er lebt. Ich vertraue seiner Verheißung, dass Gottes Reich mitten unter ist. Wie kann er tot sein, wenn Gottes Gedanken leben unter uns. Sei getrost. Erwarte mich in Jerusalem. Helene.

Ich weinte. Weinte Tränen der Liebe. Und ging ihr voraus. Morgen, dachte ich, beginnen wir. Der lange Abschied ist vorbei. Der Abschied vom Freund. Jetzt beginnt sein Leben für die Menschen in Hunger und Leid zu Jerusalem.

## Könige kommen, um Gott zu huldigen

Wochen und Monate vergingen. Was immer ich tat, Menschen taten es mir gleich. Ich sammelte als erstes die Kinder, die keine Eltern mehr hatten. Führte sie zum Teich Bethesda, wusch sie und gab ihnen vom Brot, gebacken mit dem Getreide, das ich aus Damaskus mitgebracht hatte. Wir bauten Zelte auf dem Ölberg gegenüber der Stadt bis hinauf zum sogenannten Spähberg. Lagerten die Alten und Kranken, wuschen ihre Wunden und kämpften gegen Hunger und Krankheit.

Als Helene mit ihrem Gefolge in Jerusalem ankam, atmeten die Menschen auf. Nicht, dass alles schnell vorüber war, aber die Menschen halfen einander. Jeder wurde in seiner Not gesehen. Ein Gerücht machte die Runde. Die Zeit sei gekommen. Endlich, die ersehnte Zeit. In den alten Schriften stand es geschrieben. Wenn Könige sich aufmachen nach Jerusalem, dem Gott Israels zu huldigen, dann beginnt die Zeit: Schwerter zu Pflugscharen. Denn so steht es geschrieben beim Propheten

Micha: In jenen Tagen aber wird der Berg, auf dem Gottes Haus steht, feststehen, höher als alle Berge und über alle Hügel erhaben. Und die Völker werden herlaufen, und viele Heiden werden hingehen und sagen: Kommt, lasst uns hinauf zum Berg des Herrn gehen und zum Haus des Gottes Jakobs, damit er uns lehre seine Wege und wir in seinen Pfaden wandeln. Denn von Zion wird Weisung ausgehen und des Herrn Wort von Jerusalem. Und sie werden ihre Schwerter zu Pflugscharen und ihre Spieße zu Sicheln machen. Kein Volk wird gegen das andere das Schwert erheben, und sie werden fortan nicht mehr lernen, Krieg zu führen. Ein jeder wird unter seinem Weinstock und Feigenbaum wohnen, und niemand wird sie schrecken. So stand es geschrieben und so hat er, Jesus, gelebt, sagte ich, Maria, jene aus Damaskus, an einem Abend vor einem Zelt sitzend, zu Helene, Königinmutter von Adiabene. Ob die Menschen es erkennen werden, fragte Helene.

Ich schwieg lange. Solange es uns nur gelingt, einen anderen Gott zu verkünden, sicher nicht, antworte ich. Nur ein neuer weiterer Gott im Spiel der Götter wird nichts verändern. Es wird nur eine Gruppe Menschen mehr geben, die behaupten, den richtigen Gott zu verkünden. Mehr nicht. Für viele in der Stadt, Helene, bist du die Erfüllung eines uralten Traumes unseres Volkes. Und doch verstehen sie die Tragweite, die Jesus gedacht und gelebt hat, bei weitem noch nicht. Es ging am Ende nicht darum, den Gott Israels recht zu begreifen. Es ging darum, überhaupt zu begreifen, was es für die Menschheit bedeuten würde, unter einem Himmel und mit einem liebenden Gott zu leben. Es würde nicht mehr stehen Volk gegen Volk, sondern versöhnte Verschiedenheit im Namen des einen Gottes.

Für mich ist es ein tröstlicher Beginn, dass die Freunde Jesu, die vor Monaten hier in Jerusalem zusammengekommen waren, einen mutigen, wenn auch kleinen Schritt getan haben. Nun können auch Heiden an ihn glauben. Ohne Vorbedingung. Ohne Umwege. Denn schon fanden sich Menschen in Samaria, Syrien, Zypern und Kleinasien, die sich im Namen Jesu trafen und Gemeinschaft hielten. Und doch ging Entscheidendes in die falsche Richtung. Petrus, Jakobus und Paulus, je auf ihre Weise, versuchten Jesus als den Messias zu verkünden, den Retter der Welt. Aber darum ging es ihm, Jesus, nie.

Und ich, Maria, erinnerte mich gut an jenen Abend in Kafarnaum, der kleinen Stadt am See, da sprach er mit mir. Schau die Jünger an, die Freunde, sagte er mir, sie schauen und sehen doch nicht, sie hören und verstehen doch nicht. Ihnen geht es darum, Freund eines Messias zu sein. Eines Gesalbten des Herrn. Aber davon gab es so viele im Land. Männer, die sich ausriefen, im Namen Gottes die Welt zu verändern. Ihnen ging es um die Wundertaten, die seine Macht bezeugen würden. Ihnen ging es darum, die Römer zu vertreiben aus dem Heiligen Land, die Priester am Tempel. Ihnen ging es um ihren Platz im Himmel. Und immer wieder habe ich ihnen verboten, mich zum Sohn Gottes zu machen.

Heute frage ich mich, ob Petrus das damals begriffen hat. Ich urteile nicht über ihn. Auch nicht über Jakobus, den Bruder Jesu, auch nicht über Paulus. Sie mögen alle tun, was sie für richtig halten. Helene, in meiner Erinnerung war Jesus ein Mensch. Ein Mensch aus Fleisch und Blut. Ich hatte nie in mir das Gefühl, ihn anbeten zu sollen. Ganz im Gegenteil. In meinem Spüren und Erleben erhob er sich nicht über die Menschen. Ganz im Gegenteil. Er hielt sich oft bei Menschen auf, um die sich damals niemand gekümmert hatte. Zöllner und Dirnen nannte er seine Freunde. Die Gebrochenen brauchen mich, sagte er. Ich genüge mir darin, ihm zu folgen, sagte ich zu Helene. Das war, was er wollte, nichts anderes. Wir sollten es ihm gleichtun. Menschen zu heilen auf unserem Weg, weil sie Menschen sind. Menschen zu lieben, weil Gott sie liebt. Ist das zu einfach gedacht? Jesus war ein einfacher Mensch, aber er war nicht einfältig.

Ich erinnere mich, sagte ich zu Helene, einmal kamen Menschen zu Jesus, er möge ihre Kinder segnen. Die Jünger Jesu aber wollten die Menschen abweisen. Dabei hatten jene, die um den Segen für die Kinder baten, schon viel verstanden von dem, was er lehrte. Die Jünger aber nicht. Und also wies er sie zurecht. Stellte ein Kind in die Mitte und sprach: Wenn ihr nicht werdet wie die Kinder, habt ihr mit dem Reich Gottes nichts zu tun. Ich spüre noch heute die Wucht seiner Worte.

Sie waren gegen die Frommen gerichtet. Nur wer die Schriften und die Gesetze der Väter kennt, könne den Willen Gottes erkennen. Nach dem Willen Gottes handeln. Aber was kann ein Kind schon wissen. Es kann ja nicht lesen. Es kann nicht verstehen. Die Worte waren gegen die Jünger gerichtet, die ständig wissen wollten, welchen Platz sie im Himmel einnehmen würden. Wer ist der Größte im Himmelreich? Das war ihre Frage. Dahinter steht ja auch die Frage, wie ich mir den Himmel erarbeiten, gar erkämpfen kann. Dem Ehrgeiz der Jünger stellt Jesus die Kinder entgegen. Während sich die Jünger immer noch der Eifersucht um die besten Plätze hingaben und jeder Einzelne auf seine Fähigkeiten zu verweisen suchte, einen solchen Platz auch verdient zu haben, stellte er das kleine, unfertige, werdende Leben entgegen. Klein, schwach und hilfsbedürftig. So dürfen wir vor Gott sein. Dass wir aufeinander angewiesen sind, ist der Kern der Botschaft Jesu, sagte ich, und die Selbstverständlichkeit einander zu geben, wessen wir bedürfen. Ja, sagte Helene, Kinder brauchen so wenig, um glücklich zu sein. Im Grunde sind es Nahrung, Schutz und Liebe. Aber fehlt die Liebe, dann sterben die Kinder oder werden zu Erwachsenen, die vom Reich

Gottes ferner nicht sein könnten. Man kann sich die Zugehörigkeit zu Gott nicht verdienen, Maria, das habe ich von dir erfahren. Es ist ein Geschenk. Und ich muss nicht alles können oder beherrschen. Aber eines, so sagte ich, Maria, der Helene, ist unabdingbar. Wir alle müssen vertrauen, wie Kinder vertrauen. Sie vertrauen uns ihr Leben an, weil sie zu klein sind, um das Leben selbst zu tragen. Das gilt es zu bewahren, auch wenn wir erwachsen sind. Es gilt zu vertrauen und Vertrauen einzulösen. Denn enttäuschtes Vertrauen hinterlässt schwere Wunden, die kaum zu heilen sind.

Ich möchte zu euch gehören, sagte Helene. Wie kann es geschehen? Ich möchte glauben an den Gott der Judäer. Du musst dich entscheiden, Helene, sagte ich. Du findest die Söhne des Lichts in der Wüste beim Toten Meer, die fasten und beten. Du findest die Frommen diskutierend und in langen Gewändern betend auf den Märkten und in den Synagogen, damit sie jeder sieht und bewundert. Willst du Gott im Kampf zur Seite stehen, dann folge den Zeloten. Willst du an den einen Gott glauben, dem geopfert wird mit

Tausenden Tieren und deren Blut am Tempel zu Jerusalem, dann folge den Priestern. Oder willst du es halten wie ich, Helene? Ich folge dem Mann aus Nazaret, der den barmherzigen und liebenden Gott kündete für alle Menschen. Ich folge ihm, weil ich ihm vertraue. Das möchte ich auch, sprach Helene. Dann sprich: Amen, Helene, und folge ihm nach.

# Das Reich Gottes

Bevor ich wieder aufbreche nach Damaskus, geliebte Helene, Königinmutter von Adiabene, ist es mir ein Bedürfnis, dir noch diese Zeilen zu schreiben. Sie sind mir besonders wichtig. Ich habe immer gedacht, es würde mir gelingen, da ich doch bei ihm war, bei ihm, Jesus aus Nazaret, ihn dir zu beschreiben, wer er war und ist. Heute, mehr als zwanzig Sommer nach seinem Tod, und, wie manche bekennen, nach seiner Auferweckung von den Toten, muss auch ich eingestehen, dass ich ihn nur so beschreiben konnte, wie ich ihn erlebt habe.

Für mich war Jesus zu allererst ein Mann. Und obwohl wir aus völlig unterschiedlichen Welten kamen und völlig verschieden aufgewachsen waren, haben wir einander ergänzt. Bei ihm flohen die Dämonen aus mir, und ich fühlte mich erstmals wie ein Mensch. Seine Freunde, besonders Petrus, fühlten immer, dass wir uns nahestanden. Dass Petrus eifersüchtig war, möchte ich gar nicht behaupten.

Er versuchte auf seine Weise, ihm zu dienen und ihm, Jesus, zu folgen. Vertrauen und Zweifel, Erfolg und Scheitern waren bei ihm, Petrus, sehr nah beieinander. Jedenfalls in meiner Erinnerung. Er griff zum Schwert in der Nacht, da Jesus verraten wurde, ihn zu verteidigen. Er hat ihn verleugnet noch in derselben Nacht. Und doch vertraute Jesus gerade ihm. Vielleicht ist es sogar tröstlich, dass es in Jesu Nähe nicht darauf ankam, immer alles richtig zu machen. Einmal fragte er Petrus dreimal hintereinander: Liebst du mich? Mehr, als immer alles richtig zu machen, zählt die Zugehörigkeit, die Beziehung zueinander. Liebst du mich? Das ist die Frage. Vielleicht ist es auch nicht so sehr die Frage, ob wir an einen Gott für alle glauben. Das tun andere auch. Die Frommen, die Eiferer, die Söhne des Lichtes, die Priester am Tempel zu Jerusalem. Wichtig wurde mir, dass wir mit unserem Denken über Gott nicht einander Konkurrenten um den rechten Glauben sind. Dann wäre nichts gewonnen. Wichtig wurde mir, ob wir in dem, wie wir glauben und vertrauen, den Willen Gottes erkennen. Auch darum hat Jesus gerungen. Seine Vision hat sein

Leben verändert, weil er sich entschieden hat, ihr zu folgen: Der Himmel offen, kein Gericht und der Name eines jeden Menschen eingeschrieben in dem einen Himmel. Nur weil wir Menschen sind, sind wir gerecht vor Gott. Und wer des Heils bedarf, erfährt Heil durch uns. Eine Botschaft der Liebe, die er zunächst für das Volk Israel empfand. Schmerzhaft erkannte er, dass Menschen sich vor Gott nicht unterscheiden, und also öffnete er sein Herz und sein Erkennen und sein Handeln für alle Menschen.

Weil Gott alle Menschen liebt, ist auch kein Mensch von Gott mit Krankheit oder Leid gestraft. Menschen zu heilen, die im Leben mit Blindheit geschlagen sind oder stumm und taub, aussätzig oder lahm waren, forderten sein Handeln. Er lehnte sich gegen jene auf, die andere Menschen verächtlich fanden. Er lehnte es ab, wenn Menschen unter dem Gesetz zu zerbrechen drohten, unter den Opfern, die ihnen abverlangt wurden, auch jene Opfer der Priester am Tempel zu Jerusalem. Es gibt keine Wahrheiten nur für mich oder nur für einen anderen Menschen. Ich weiß, dass es ihn, Jesus, geschmerzt hat, dass viele Menschen seinem Gott nicht vertrauen konnten. Zu stark war ihnen in Fleisch und Blut übergegangen, dass Gott ein gerechter Gott ist und straft. Dass Gott barmherzig ist, können sie nicht glauben. Dafür haben sie zu viel Angst und nicht genug Mut.

Für mich ist Jesus nicht Gottes Sohn, wie es die Römer verstehen oder die Griechen oder auf ihre Art die Ägypter. Ich erlebe, wie diese Frage aber immer wichtiger wird in den Lehren über ihn. Damals widersprach ich ihm. Hast du, so fragte ich damals, nicht Petrus ermutigt, genauso zu denken, als du ihn fragtest, was sie glauben würden, wer du seist. Damals sagte Petrus: Du bist der Sohn des lebendigen Gottes. Maria, sagte er, so sprach Petrus in Caesarea Philippi am Fuße des Berges Hermon, an der Quelle des Jordan. Dort steht ein Tempel zu Ehren des Augustus, des römischen Imperators. Auf seinem Stein stand geschrieben: Augustus – Sohn Gottes. Eine machtvolle Rechtfertigung seiner Herrschaft als der Sohn des Caesar, des Gottes. Ein Titel weltlicher Macht. Die Aussage aber, Sohn zu sein des lebendigen Gottes, das ist kein Titel der Macht. Das ist die Aussage der Zugehörigkeit zu Gott, der alles Lebendige geschaffen hat. Aber diese Zusage gilt auch dir, Maria, Tochter des lebendigen Gottes.

Es kommen Leute und fragen mich, Maria. Nach meinem Zeugnis. Für mich waren es immer seine Taten, die ihn zum Freund und Bruder werden ließen. Jedenfalls war mein Entschluss, es in meinem Leben ihm gleich zu tun, nicht an die Frage gekoppelt, ob er Gottes Sohn war. Und doch wurde er mir, je mehr ich ihm folgte, lebendig. Lebendig, jetzt durch mein Handeln, durch mein Erzählen, durch meine Art, dem Willen Gottes zu folgen. Fußwaschung und Dienen bleiben mir so wichtig wie das gemeinsame Mahl. Vielleicht bin auch ich, Maria aus Damaskus, der Liebe zu ihm, Jesus aus Nazaret, so sehr verhaftet, dass auch mir die Ausgewogenheit manchmal fehlt. Wenn dem so ist, dann bitte auch ich um Milde. Ich werde heimkehren nach Damaskus. Ich werde das Erbe meines Mannes verwalten, und den Reichtum, den er durch Handel erworben hat, werde ich mehren. Ich werde es tun, damit ich auch heute noch seine Jünger mit meinem Vermögen unterstützen kann, wie ich es einst bei Jesus begonnen habe. Ich möchte, dass jene, die ihm folgen, Menschen in Not und Krankheit beistehen können.

Du hattest gefragt, Helene: Wer darf sich Apostel nennen? Oder Nachfolger jener, die ihm folgten? Ich hoffe, es werden weiterhin Männer und Frauen sein. Es werden Verheiratete und Unverheiratete sein. Sie werden aus allen Ländern der Erde kommen und in vielen Sprachen sprechen. Sie werden jung und alt sein. Aber auf die Frage, die einst Jesus dem Petrus gestellt hat: Liebst du mich?, werden sie leidenschaftlich mit Ja antworten. Sie werden reinen Herzens sein. Sie werden sich nicht als Priester, Richter oder Lehrer verstehen, sondern als erste Diener des Willens Gottes. Den Willen des barmherzigen Gottes in jeder Zeit und an jedem Ort zu erkennen, wird ihre vornehmste Aufgabe sein. Und wenn es Zeiten gibt, heute und in Zukunft, da Gemeinden, die im Namen Jesu leben, sich verlaufen haben oder irren, dürfen sie getrost sein. Jesus kannte immer Barmherzigkeit und Umkehr im Namen des Vaters aller Menschen.

Mehr, Helene, werde ich nicht mehr schreiben. Ich kehre als dankbare Frau nach Damaskus zurück. Dankbar, mit ihm Jesus, gelebt zu haben, und dankbar, dass ich ihn zu dir bringen durfte, so wie ich ihn verstanden und erlebt habe. Und nun, lebe wohl, Helene, Königinmutter von Adiabene, und bewege meine Worte in deinem Herzen: Wer ist jener Lehrer und Prophet, Jesus aus Nazaret, heute für dich, und wie sieht dein Leben aus, wenn du dir die Frage stellst, was der Wille Gottes für dich sein wird? Ich hinterlasse dir diesen Brief und meine Grüße. Lebe wohl!

Deine Maria aus Damaskus.

# Epilog

Die Beschäftigung mit Maria aus Magdala hat mir große Freude bereitet. Natürlich rein fiktiv habe ich mich darin versucht, sie in ihrer Zeit aufzusuchen. Eines ist mir sehr bewusst geworden. Entscheidend ist die Perspektive. Je nachdem, welche Perspektive ich wähle, fällt ein anderes Licht auf die Person Jesu. Ich habe die Perspektive gewählt, die im „Evangelium nach Maria" grundgelegt ist. Hier wird Maria im Unterschied zu den Aposteln nicht als Schülerin beschrieben, sondern als die Person, die die tiefste Beziehung mit ihm leben durfte. In meinen Worten wurden sie Gefährten, Jesus und Maria. Zwei Menschen, die miteinander das Leben teilen, das Suchen und Finden. Und das mussten beide. Jesus und Maria, sie mussten sich erst finden und mussten sich entscheiden, in welcher Beziehung sie zu Gott und zu den Menschen leben wollten. Und darum geht es. Es geht nicht darum, den Glauben zu lernen und zu bewahren. Es geht darum, dem Ursprung des Lebens zu vertrauen und Mensch zu werden über alle Grenzen hinweg, die Kultur, Nationalität und Religion vorzugeben scheinen. Es geht darum, eine Menschlichkeit zu praktizieren, die sich auf den einen Gott bezieht, in dem wir alle gründen. Was dieser Gott möchte, ergibt sich aus seiner Einmaligkeit und aus seiner Art, auf den Menschen zu blicken. Sein Blick ist barmherzig. Und er möchte unser Heil und unser Glück. Und so blickte Jesus auf den Menschen, auf jeden Einzelnen. Jeder Mensch gehört zu Gott. Das macht uns zu Geschwistern. Nicht das Hineingeboren-Werden in Kultur und Familie legt uns fest. Die Entscheidung zur Menschlichkeit prägt unsere Familiengeschichte. Mitleiden zu können, barmherzig handeln zu lernen und das Leben als Fest des Lebens zu erspüren, führt uns zu einer Beziehung mit Gott und den Menschen, die auf Zuneigung und Vertrauen aufbaut.

Tatsächlich beschäftigt mich die Frage, warum Maria aus Magdala in der Apostelgeschichte kaum eine Rolle spielt, wo sie doch in den Evangelien Jesus so nahe war. Wieder eine Frage der Perspektive. Aber vielleicht müssen wir ja einsehen lernen, dass es über das Leben Jesu verschiedene Zeugnisse gibt, die sich geschichtlich nicht alle durchgesetzt haben. Ich möchte nicht schwarz-weiß denken. Und doch lade ich ein, der Menschlichkeit Jesu mehr Raum einzuräumen in unserem Denken über ihn und unseren Glauben an ihn. Das hat mich schon immer beschäftigt und getragen. Dass der Sohn Gottes ein Mensch war. Ein Mensch, geboren wie wir. Er, wie wir, mit der Lebensaufgabe, sich selbst in Beziehung zu setzen mit allem, was das Menschsein ausmacht. Sich täglich neu zu entscheiden. Er konnte nur Menschen heilsam begegnen, die ihm vertrauten. Das habe ich gelernt. Und so möchte ich leben: vertrauend, achtsam und berührend.

Und das hat Maria aus Magdala bei mir ausgelöst. Ein Mensch, der Jesus nachfolgen möchte, muss keine Glaubenssätze lernen, er muss lieben lernen. Im Bild der Bibel gesprochen: Jeder von uns hat in den „Hungersnöten" seiner Zeit immer etwas zu geben, immer die Fähigkeit, ein Segen zu werden für Menschen, die nicht mehr selbst weiterwissen.

Ich jedenfalls habe mich entschieden. Ich möchte jenem Mann aus Nazaret folgen in der

Art und Weise, wie er über Gott dachte und gelernt hat, Menschen zu sehen. Kein Mensch kommt schuldig auf die Welt. Und keiner wird am Ende vor Gericht stehen. Wir sind geschenktes Leben. Manchmal verletzbar und oft zerbrechlich. Aber immer liebenswert. Und es geht im Leben nicht um Wahrheit, die wir erkämpfen oder verteidigen müssten. Es geht ums Menschsein und menschliches Leben. Maria von Magdala musste erleben, wie jener Mensch Jesus ermordet wurde von jenen, die ganz andere Perspektiven hatten. Es waren die Perspektiven von Macht und Gottesmissbrauch, die Jesus ans Kreuz gebracht haben. Menschen, die Gott im Tempel einsperren und in seinem Namen Opfer fordern und Gesetze erlassen, werden nur schwer zu dem finden, was Nachfolge bedeutet.

Maria von Magdala wurde zur Apostelin erklärt. Das verändert unsere Geschichte nicht. Aber es könnte die Zukunft verändern. Denn unsere Kirche gründet ja, oder sollte sich gründen, auf dem Zeugnis der Apostel. Nun, Maria gehört nun zum Kreis der Apostel. Das gibt Perspektiven.

# Literatur: Das Evangelium der Maria

Das Evangelium der Maria (EvMar) ist in drei unvollständigen Abschriften erhalten. Da der Text weder bei den Kirchenvätern noch in den Kanonlisten Erwähnung findet, blieb das EvMar der modernen Forschung bis zum Ende des 19. Jahrhunderts unbekannt. Der umfangreichste Text befindet sich im sog. Codex Berolinensis Gnosticus (BG) 8502 aus dem fünften Jahrhundert, welcher neben dem EvMar noch drei weitere Schriften im sahidischen Dialekt der koptischen Sprache enthält: das Apokryphon des Johannes, die Weisheit Jesu Christi und die Tat des Petrus. Anhand der Seitennummerierungen lässt sich sagen, dass das EvMar wahrscheinlich die ersten 19 Seiten des Codizes bedeckte. Allerdings sind nur neun dieser Seiten erhalten (7,1–10,23; 15,1–19,5). Der Beginn des Evangeliums (1–6) sowie Teile der Rede Marias (11–14) fehlen. Davon abgesehen befindet sich der Codex jedoch in einem hervorragenden Zustand. Neben der koptischen Version existieren zwei griechische Fragmente aus dem dritten Jahrhundert, die im 20. Jahrhundert nahe der antiken Stadt Oxyrhynchus entdeckt wurden. Papyrus Rylands (PRyl) 463 enthält das Material von 17,5–22 und 18,5–19,5 der koptischen Fassung, Papyrus Oxyrhynchus (POxy) 3525 enthält das Material von 9,5–10,13. Beide Fragmente entstammen verschiedenen Handschriften, sind schlecht erhalten und bieten kein Material zur Rekonstruktion der Lücken des koptischen Textes. Obwohl es sich bei der koptischen Fassung des EvMar höchstwahrscheinlich um eine Übersetzung des ursprünglich griechischen Textes handelt, dienten ihr die erhaltenen griechischen Fragmente nicht zur Vorlage. Zwischen den griechischen Fragmenten und der koptischen Version bestehen zahlreiche Unterschiede, welche aber hauptsächlich die Wahl der Worte und der Formulierungen betreffen. Es gibt keine größeren Differenzen in der Form von Umstellungen oder Auslassungen, die darauf schließen lassen könnten, dass das EvMar im Laufe seiner Überlieferung umfassend redaktionell überarbeitet wurde. Welcher Text bei abweichenden Lesarten der ursprünglichere ist, muss im

Einzelfall entschieden werden. Obwohl die griechischen Fragmente älter sind und in der Sprache des Originals vorliegen, sind sie nicht zwangsläufig zuverlässiger. So weist PRyl mindestens ein bis zwei eindeutige Fehler auf. Der Vergleich der Seitenzahlen zeigt, dass die griechische Fassung des EvMar im PRyl wohl etwas länger war als die koptische des BG. Die überraschend breite Bezeugung des EvMar spricht dafür, dass der Text von seiner Abfassung im zweiten Jahrhundert bis zur Anfertigung des BG im fünften Jahrhundert oft vervielfältigt und gelesen wurde. Der Titel „Evangelium nach Maria" findet sich im BG (19,3–5) und lässt sich im PRyl ergänzen. Die Titelform gleicht jenen der kanonisch gewordenen Evangelien.

## Der Autor

Prälat Michael H. F. Brock, geboren 1961, ist Vorstand der Stiftung Liebenau, eines der größten Sozial-, Bildungs- und Gesundheitsunternehmen in Süddeutschland.

Er ist bekannt durch zahlreiche Veröffentlichungen. Zuletzt erschienen von ihm: „Das Vermächtnis. Begegnungen mit Jesus", „Gemüsesuppe zum Kaffee. Geschichten aus Liebenau", „Der Engel mit dem Marmorkuchen ... und andere Geschichten zur Weihnacht". Und „Über Wasser gehen. Jesus von Nazaret – Antwort auf die Krise des Glaubens".